TRAUMPAARE IM BEET

Sabine Reber

TRAUMPAARE IM BEET

Wer mit wem im Garten

Die schönsten

Pflanzenkombinationen

Fotos von Marianne Majerus

Illustrationen von Dorothea M. Kaumanns

Inhalt

Perfekte Beziehungen – ja klar doch, im Garten!

Wer kennt es nicht, dieses Herzklopfen wie beim ersten Rendezvous, wenn eine neu gepflanzte Rose aufblüht? Wessen Puls schlägt nicht schneller, wenn die Clematis daneben am selben Morgen ihre zarten Blütenblätter öffnet und sich dabei herausstellt, dass die Harmonie der beiden Farben und Formen noch perfekter wirkt, als man sie sich in den kühnsten Katalogträumereien ausgemalt hat? Wer wünschte in solchen perfekten Gartenmomenten nicht gelegentlich, dass das Zusammenspiel der Menschen auch so harmonisch gelingen möchte? Zwar welken die Blumen, aber im Gegensatz zu uns Menschen vermögen Rosen, Stauden und Gehölze mit jeder Saison wieder neu und frisch zu erblühen. Und oft verwachsen Pflanzenpaare mit den Jahren zu den romantischsten Bildern. Wenn wir Menschen uns doch auch so mühelos und leicht in unsere Bindungen fügen, uns zu Traumpaaren vereinigen könnten!

Ja, Traumpaare, was für ein Wort. Als gäbe es sie, außerhalb von Schundromanen, Fernsehserien und kitschigen Filmen. Verhält es sich in der Realität nicht eher so, dass Träume das eine sind und Paare das andere? Oder gibt es sie doch, auch jenseits von Leinwand, Buchdeckeln und Bilderrahmen?

In Gedanken gehe ich meine Freundinnen und ihre Partner durch, die Paare aus meiner Verwandtschaft, aus meinem weiteren Bekanntenkreis. Traumpaare? Man denkt es gelegentlich über jene, die man noch zu wenig gut kennt, um von ihren Schwierigkeiten zu wissen. Ich kenne Paare, die sich gut verstehen, die sich über Jahre, Jahrzehnte aneinander abgeschliffen haben, bis sie beide so rund waren wie zwei Kieselsteine, keine Ecken und Kanten mehr übrig und nichts, womit sie beim anderen noch anecken könnten. Aber wirkliche Traumpaare? Im wirklichen Leben?

Auch wenn es gerade mächtig knistert, so gelingt es uns doch kaum zu vergessen, dass das Glück zu zweit ein flüchtiges ist, stets auf dem Sprung, sich beim geringsten Fehler davonzuschleichen. Und dann fragt man sich wieder, wie man sich denn jemals erholen könnte von den gescheiterten Träumen. Und wendet sich abermals dem Garten zu. Immer wieder suche ich Schutz und Rettung bei den Rosen und den Clematis, die auch dann harmonisch blühen, wenn sonst mal wieder alles schief gelaufen ist. Und flüchte zum Stamm der großen Magnolie, unter deren noch kahlen Ästen sich die Krokusse mit den Schneeglöckchen mischen, als hätten sie seit jeher zusammengehört. Sobald es wärmer wird, neige ich mich über die vielen Töpfe und Gefäße auf der Terrasse, in denen sich Lilien und Duftgeranien, Zinnien, Reseda und Ziersalbei, Gauchheil und Leberbalsam zu einem bunten Sommertanz mischen. An besonders trüben Tagen schneide ich auf den Blumenfeldern im Seeland große Sträuße Dahlien, Skabiosen, Kosmeen und Cleome, füge Dillblüten hinzu und binde mir üppige Sträuße, bis sich meine Laune aufgehellt hat.

Der Garten als Fluchtort? Ja, was denn sonst? Wäre die Welt perfekt, im Großen wie im Kleinen, wer bräuchte dann noch Gärten zu schaffen? Wer sucht nicht im Garten ein Stückchen heile Welt, ein Fleckchen des Paradieses, nach dem sich der Mensch nun einmal sehnt? Und wenn es im Leben grad gar nicht mehr weiterzugehen scheint, dann hilft es allemal, in den Garten zu flüchten. Dann gilt es, Atem zu holen und mal kurz an etwas anderes zu denken.

Also, lassen wir den Alltag mit seinen Beziehungsproblemen für einige beschwingte Stunden beiseite und wenden wir uns dem Garten zu. Denn hier, das weiß ich mit Sicherheit, hier gibt es die Traumpaare! Es gibt sie in den vielfältigsten Spielformen und Varianten. Da schlingt sich der Zierhopfen mit der Schwarzäugigen Susanne an den Reben hoch. Zwischen dem filigranen Laub des Königsfarns entrollen die Funkien ihre prächtig gezeichneten Blätter. Der Rittersporn ragt stramm über die goldenen Köpfe der Rudbeckien hinaus. Das Zittergras umschwärmt die fragilen Mohnblüten. Und all diejenigen, die es gerne etwas komplizierter mögen, finden natürlich in der Pflanzenwelt auch prickelnde Dreierkisten oder gar Quartette, die fantastisch miteinander harmonieren, zumindest für eine Saison.

DREAM-TEAMS

Traumpaare richtig kombinieren

Wenn man Pflanzen perfekt kombinieren möchte, ist es hilfreich, ihr Wesen zu verstehen und ihren Charakter zu ergründen. Diven und Selbstdarsteller brauchen gutmütige Partner. Shooting-Stars kommen neben Mauerblümchen erst richtig zur Geltung. Sanfte behaupten sich neben Widerborstigen, Platzhirsche verdrängen ungebetene Gäste. Alter Adel und geheimnisvolle Schönheiten sorgen für das gewisse Etwas.

Pflanzen mit Charakter

Und abermals schweift mein Blick aus dem Fenster. Der Chasseral liegt schwer und weiß im ersten Schnee, ein schlafender Wal von einem Berg, dessen Winterruhe nichts zu stören vermag. Hier unten blüht noch das eine oder andere: vom Wind zerzauste Rosen und Sommerblumen, daneben Gräser, die ich eigentlich versetzen wollte. Ein mächtiger Feuerdorn, der dem Schneeball das Licht streitig macht. Eisenhut und ein rotes Röschen, das unverzagt blüht, obwohl sich niemand erinnern kann, es jemals gepflanzt zu haben. Und die Stockrosen, deren letzte Blüten sich dem Himmel zuneigen, als wollten sie die herabziehenden Schneewolken grüßen. Nichts ist hier perfekt, und doch gefällt mir der Blick aus dem Fenster. Wenn ich an meinen Garten denke, so fallen mir auch gleich diverse Pflanzenkombinationen ein, die sich ideal ergänzen: Traumpaare eben.

Die Wolken senken sich, die Stockrosen neigen sich im Wind, schon legen sich erste Flocken auf meine Rosen und Clematis, bedecken die Rittersporne und das Laub der Madonnenlilien, verzuckern die Birken und die nun kahlen Obstbäume, decken das Erdbeerbeet zu und füllen die Löcher, in die ich vor dem Winter noch weitere Rosen pflanzen wollte.

Vom Wesen der Pflanzen

Und während sich der Garten zur Ruhe begibt, gehe ich in meinem warmen Bücherstübchen die Bilder des verflossenen Sommers durch, blättere durch die Fotoalben aus den bisherigen Gärten meines Lebens. Ich denke über das Wesen meiner Pflanzen nach, ich beginne, ihnen Charakterzüge zuzuordnen. Sehen die Stiefmütterchen denn nicht gutmütig aus, mit ihren freundlichen Blumengesichtern, wie

Links: Ein anspruchsloses, solides Paar, das auch in exponierteren Gärten zurechtkommt, sind Schafgarben *(Achillea)* und das Gras *Stipa tenuissima*.

Oben links: Die orientalische Mohnblume *Papaver orientale* 'Sultan' ist ein zarter Verführungskünstler.

Oben Mitte: Wenn er blüht, ist alle Aufmerksamkeit auf den Blauen Scheinmohn *(Meconopsis betonicifolia)* gerichtet.

Oben rechts: Von atemberaubender Schönheit ist die Riesenlilie aus dem Himalaja *(Cardiocrinum giganteum* var. *yunnanense)*

sie noch dem kältesten Wind trotzen? Und die Ranken der Brombeere am Zaun? Wenn ich sie mir als Menschen vorstelle, dann wäre sie ein gar aufdringlicher, kratzbürstiger Geselle. Wahre Blaublüter der Pflanzenwelt hingegen findet man bei den Rosen, von denen nicht wenige nach Adligen benannt sind. Wer ziellos durch Pflanzenenzyklopädien blättert, wird auf allerhand edle Geschlechter stoßen. Auch Egoisten gibt es viele unter den Pflanzen. Es gibt sogar welche, die andere ausdrücklich vertreiben, Nussbäume zum Beispiel, deren Wurzeln ein Sekret absondern, sodass in ihrer Nähe nichts anderes mehr zu gedeihen vermag.

Die Integrierenden

Wirkt eine Pflanzung insgesamt zu locker, füge ich einige solide, gutmütige Gewächse ein, und schon füllen sich die Lücken. Ja, was wären Staudenbeete ohne Schafgarben, Sonnenhut und Astern? Wo kämen wir hin, wenn es Indianernesseln, Margeriten und Sonnenhut nicht gäbe? Wie leer wäre der Sommergarten ohne Phlox und Glockenblumen oder Astrantien!

Geht es in einem Beet dagegen zu bunt zu und ist es gar zu einem lauten Tumult an Farben und Formen verkommen, sind Pflanzen gefragt, die vermittelnd und integrierend wirken.

Hierzu fällt mir zuallererst der Frauenmantel ein, der eigentlich immer und zu allem passt, aber auch Storchenschnabel, Katzenminze und Lavendel gehören gewiss in diese Kategorie der Vermittler. Sie alle wirken integrierend, sie fügen alles zu einem Ganzen zusammen, was ansonsten als wild gewürfeltes Durcheinander auseinanderfallen würde.

Elegant und fast immer passend wirkt die Kombination aus Frauenmantel und Blauem Storchenschnabel, beispielsweise der Sorte 'Johnson Blue'. In moderneren Gestaltungen übernehmen manchmal Gräser eine integrierende Funktion. Auch Funkien lassen sich zur Beruhigung von zu wild geratenen Rabatten einsetzen. Hier ein Tipp für den Notfall: Funkien in Gefäßen passen eigentlich immer, wenn eine Lücke aufgefüllt werden muss oder rivalisierende Stauden schnell optisch voneinander getrennt werden sollen.

Verführerische Schönheiten

Oder wirkt der Balkon zu langweilig? Dann fehlt es womöglich an dem einen oder anderen „Shootingstar". Wahre Stars sind zum Beispiel Canna, Lilien oder Schwertlilien. Auch die großblütigen Dahlien sind geborene Selbstdarsteller. Und dann gibt es noch jene Pflanzen, deren Anblick das Herz schneller klopfen lässt und die einem den Atem rauben, Pflanzen, vor denen man wie angewurzelt verharrt und von denen man den Blick nicht mehr lösen kann. Riesenlilien *(Cardiocrinum)* sind eine solche Schönheit, aber auch der Blaue Scheinmohn *(Meconopsis grandis* oder *M. betonicifolia)* aus dem Himalaja. Auch der Orientalische Mohn *(Papaver burseri)* ist ein Verführer und zieht einen in seinen Bann. Mitunter gerate ich bei einem solch atemberaubenden Anblick in einen Gewissenskonflikt: Soll ich schnell ins Haus rennen, um Kamera und Stativ zu holen, oder soll ich besser in regloser Bewunderung verharren, aus Angst, dass ob der Erschütterung zu eiliger Schritte die zarten Blütenblätter gleich abfallen könnten und die Schönheit noch bei ihrer Entfaltung gestört werde!

Pflanzen und Menschen – ein Vergleich?

Kann man Pflanzen menschliche Charaktere zuordnen? Und ist solcher Anthropozentrismus sinnvoll? Darf man Pflanzen vermenschlichen? Gemeinhin werden Stauden, Gehölze und Sommerblumen nach ihrer Wuchsform, ihrer Größe, ihren Standortbedürfnissen und nicht zuletzt nach Blütezeit und -farben eingeteilt. Streng wissenschaftlich gesehen zählen sie zu Gattungen und Familien, die Auskunft über ihre botanischen Eigenschaften geben.

Wer aber sind sie, und wie benehmen sie sich im Garten? Wo liegen ihre Stärken, was sind ihre Schwächen? In welcher Gesellschaft kommen sie am besten zur Geltung? Welche sind die Stars? Und vor allem, was passt zusammen? Eigentlich wird Gärtnern erst dann spannend, wenn man beginnt, Pflanzen zu kombinieren.

Was eine gute Pflanzung ausmacht

Alle, die schon einmal versucht haben, einen Garten rein nach Farbkriterien zu gestalten, werden mir beipflichten: Die Farbe allein macht noch lange kein Beet aus. Und auch der wissenschaftliche Ansatz, dem besonders Pflanzensammler oft verfallen, ist in mancher Hinsicht nicht befriedigend. Da hat man dann ein Beet voller Pflanzen aus China, und hier eine Ecke mit australischen Seltenheiten, und dort den Steingarten mit den Alpenpflanzen. Aber optisch erinnern solche Pflanzungen oft eher an einen Museumskatalog, als dass sie eine lebendige Gartenstimmung hervorzurufen vermöchten.

Je mehr ich darüber nachgrübele, ob Pflanzen denn eine eigentliche Persönlichkeit haben, desto sicherer bin ich mir, dass dem so ist. Man denke nur an die Mauspflanze *(Arisarum proboscideum)*, deren Blüten als graue Mäusehintern mit langen Schwänzen unter dem Blattwerk hervorlugen. Ein Clown, ja ein Witzbold von einer Pflanze ist das doch. Und wie jeder gute Komiker braucht sie ein wohlwollendes Publikum. Ich werde mich also hüten, andere Aufsehen erregende Gewächse in ihre Nähe zu setzen. Stattdessen umgebe ich sie mit filigranen, unspektakulären Farnen, die ihr ein dankbares, immergrünes Publikum sind.

Oder Akanthus, der seinen Platz mit kratzigem, ausladendem Laub verteidigt. Was für ein ungehobelter Kerl eigentlich! Er kommt in eine Ecke, wo er sich vor den Topinambur *(Helianthus tuberosum)* abmühen kann. Denn diese – so schön sie in Blüte auch aussehen und so lecker ihre Knollen schmecken – erweisen sich als die reinsten Plagegeister, so man eines Tages auf die Idee kommen sollte, sie wieder loswerden zu wollen. Oder die Distelarten *Eryngium alpinum* und *Eryngium giganteum*, diese widerborstigen, eigenwilligen Gesellen, die ihre stacheligen, metallisch angehauchten Blütensterne über der Rabatte erheben, als müssten sie mal wieder die große Schar der bescheideneren Stauden zurechtweisen. Ihnen geselle ich sicher keinen Star zur Seite, neben eine solche Charakterpflanze gehören weder majestätische Lilien noch zartblütige Mohnblumen. Deren zarte Blütenblätter würden an den kratzigen Stielen nur hängen bleiben. Die Disteln bekommen Gräser zur Seite, denen können sie mit ihren stacheligen Launen jedenfalls nichts anhaben.

Je länger ich darüber nachdenke, desto mehr Pflanzen erinnern mich an Menschen, ich sehe Charakterzüge, finde Bekanntes wieder. Und mitunter helfen diese Parallelen, Pflanzen besser zu verstehen und zu begreifen und zu entscheiden, wer mit wem auskommen könnte.

Links: Rosen und Clematis benehmen sich wie ein romantisches Liebespaar. Hier turtelt der Kletterklassiker 'New Dawn' mit der hübschen 'Comtesse de Bouchaud'.

Rechts: Eine sensible Romantikerin ist die Clematis 'Propertius'.

Von Aufsässigen und Umtriebigen

Und damit kommen wir zu den Umtriebigen, den eigentlichen Nervensägen im Garten. Überall in den Beeten hinterlassen sie ihre Ausläufer oder sie versamen sich hemmungslos. Ich denke dabei an Goldrute *(Solidago)* und Gelbfelberich *(Lysimachia)*. Aber auch die angeblich dornenlose Brombeere, die ich in einem kleinen Garten gepflanzt hatte, und deren Triebe dann durch alle Beete wucherten. Wären sie Menschen, würden sie als „Klinkenputzer" arbeiten, um einen pünktlich zum wohlverdienten Feierabend mit ihrem Geschwätz zu nerven und sich partout nicht abwimmeln zu lassen. Mit Grauen erinnere ich mich auch an die Staudenwicke *(Lathyrus latifolius)*, die ein unwissender Blumenfan vor einigen Jahren in den Seegärten in Twann ausgesetzt hatte. Seither machen sie mit ihren zähen, unterirdischen Wurzelausläufern allen das Leben schwer, die in dem kargen Boden etwas anderes als rosarote Staudenwicken zu pflanzen versuchen.

Zu den Weltmeistern im Sich-selber-Aussäen gehören gewiss die Silberlinge *(Lunaria)*, gefolgt von Lichtnelken *(Lychnis)*, Vergissmeinnicht *(Myosotis)*, Ringelblumen *(Calendula)*, manchen Malven *(Malva)*, Sonnenblumen *(Helianthus)* und Hornveilchen. Die Akelei samt sowieso ab, und natürlich die Nachtkerzen, die sich mitunter schon mal zu einer Plage auswachsen können. Kapuzinerkresse *(Tropaeolum)*, Wunderblumen *(Mirabilis jalapa)* und Borretsch *(Borago)* sind ebenfalls sehr vermehrungsfreudig. Auch Fingerhüte verteilen Unmengen von Samen, aber das war noch nie ein Problem – Fingerhüte kann man nie genug haben. Meist sind es aber die rosaroten Formen, die sich durchsetzen. Will man weiße Fingerhüte, hilft es nur, die Blättchen der jungen Sämlinge gut zu beobachten und all jene mit einem rötlichen Schimmer auszureißen. Vermehrungsfreudig sind auch Klatsch- und Schlafmohn, sie breiten sich ordentlich aus, wenn ihnen ein Standort passt.

Unscheinbar und geheimnisvoll

Eher schüchtern sind gewiss die Krötenlilien *(Tricyrtis hirtis)*, die auch in gepflegten Beeten oft ein Aschenputteldasein fristen. Schachbrettblumen *(Fritillaria meleagris)*, Schneeglöckchen *(Galanthus)*, Primeln *(Primula)*, Hundszahn *(Erythronium)* oder Busch-

Links: Weltmeister im Sich-Versamen ist Vergissmeinnicht *(Myosotis)*, hier zusammen mit Schlüsselblumen *(Primula veris)*, die sich ebenfalls selber aussäen.

Rechts: Blau in Blau und doppelt geheimnisvoll: Die *Hosta* 'Halcyon' wird vom Lerchensporn *(Corydalis flexuosa)* umspielt.

Oben: Sogar das Laub des Lerchensporns schimmert in einem zauberhaften Blauton.

windröschen *(Anemone nemorosa)* zähle ich ebenfalls zu den schüchternen Pflanzen. Sie breiten sich zwar von selber aus, bleiben aber bescheiden am Rand von Gehölzen und Beeten und ziehen sich in die Erde zurück, bevor die Sommerblumen ihren großen Auftritt ankünden. Und wie zart und filigran sind die Jungfern im Grünen *(Nigella)* oder Prachtkerzen *(Gaura lindheimeri)*, die ich gerne anstelle von Gräsern pflanze.

Am allerliebsten sind mir aber geheimnisvolle Pflanzen. Die fast schwarzen Rittersporne *(Delphinium)*, der himmelblaue Lerchensporn *(Corydalis flexuosa)*, die Elfenblume *(Epimedium)* mit ihren elfenartigen, mitunter unwirklich schön anmutenden Blütenkörpern, oder feingliedrige Fuchsien mit gebauschten Blütenröckchen. Und was gibt es Geheimnisvolleres als das pastellene Farbenspiel der Schwertlilien, die seidig schimmernden Petalen, die andersfarbigen äußeren Sepalen, die samtigen Narbenlappen. Oder chinesische Baumpäonien. Und natürlich Lenzrosen, mit ihren gesprenkelten oder fast schwarzen Blüten – einfach traumhaft!

Ungebetene Gäste

Die wahren Plagegeister der Pflanzenwelt, ja, die kennen wir alle. Gartenfreunde raunen sich die einschlägigen Namen mit einem Stöhnen zu: Ah, der Giersch! Hahnenfuß, diese Plage! Schachtelhalm, sag ich dir. O Gott! Und Löwenzahn überall! Ajajajh! Und dann die gemeinen Brennnesseln! Und die Bitterkresse! Du Ärmste, man kriegt sie einfach nie unter Kontrolle, bevor sie überall ihre Samen verstreut. Und diese Taubenäuglein im Rasen! Ojemine! Und erst die Wicken wieder! Ganz schlimm dieses Jahr! Ein bedeutungsvolles Rollen mit den Augen, ein verständnisvoller Seufzer des Gegenübers: „Jaja, die Wicken wieder."

Geduld, Geduld und nochmals Geduld

Nun, die Sache mit dem Unkraut ist die: In der einen oder anderen Form taucht es früher oder später in jedem Garten auf. Kein Grund, sich darüber aufzuregen. Es gehört eben einfach dazu. Sein Auftauchen ist genauso unumstößlich wie die Tatsache, dass es gelegentlich mal regnet oder dass nach dem Herbst der Winter kommt. Aber man kann lernen, damit umzugehen. Das Beste ist, wenn man die ungebetenen Gäste regelmäßig in die Schranken weist und die Eindringlinge bekämpft, bevor sie einem über den Kopf wachsen. Und das heißt nun mal: ausreißen und ausbuddeln. Am besten macht man sich gleich zeitig im Frühjahr daran, sodass die Plagegeister gar nicht erst Kraft schöpfen können. Und jedes Wildkraut, das man erwischt, bevor es sich selber aussät, erspart einem im folgenden Jahr eine Menge Arbeit.

Was Jäten mit Seelenfrieden zu tun hat

Der Trick beim Jäten ist der, sich in Bodennähe zu begeben und die Hände richtig schön dreckig zu machen. Ich gehe dabei alles andere als systematisch vor. Das erstbeste Unkraut, das mir unter die Augen kommt, wird ausgerissen. In meiner kauernden Stellung arbeite ich mich in jede ergiebige Richtung weiter. Nicht lange, und schon robbe ich auf den Knien durch die Beete. Meine destruktive Ziellosigkeit rafft die ungebetenen Gäste in bedenklichem Tempo hin. Bald liegt das erste unkrautfreie Beet vor meinen Augen. Auch im Gemüsegarten ist der Fortschritt gut abzulesen. Ist das erste Quadrat erst einmal fertig, kommt der Appetit wie der Hunger beim Essen, und ich stürze mich mit Elan auf das nächste Beet. In den Blumenbeeten sind die Resultate etwas bescheidener; aber dort fällt das Unkraut auch nicht so auf wie zwischen den Gemüsepflanzen. Die Wicken haben sich um die Wurzeln meiner Rosen geschlungen und sind praktisch eins geworden mit ihnen. Der Garten spiegelt den Gemütszustand – oder umgekehrt. Geht es mir gut, wuchert alles in meinen Beeten. Gehe ich durch eine schwierigere Zeit, ist der Garten oft geradezu pingelig ordentlich. Zum Beispiel dann, wenn ich mit einem Text nicht weiterkomme. Entnervt gebe ich am Schreibtisch auf und flüchte erst einmal in den Garten. Jäte und grabe und wüte, wühle mich mit bloßen Händen durch die Erde, stundenlang, den ganzen Nachmittag, bis kein Unkraut mehr übrig bleibt. Und dann, es wird schon fast dunkel, kommt mir, ich reiße gerade an einer besonders hartnäckigen Wicke, die zündende Idee. Sofort lasse ich Schaufel und Schubkarren stehen und stürze zurück an meinen Schreibtisch. Mit erdverkrusteten Händen tippe ich dann die halbe Nacht, und tatsächlich – gegen Morgen ist das verflixte Kapitel endlich fertig.

So wage ich hier zu behaupten: Wer nicht gerne jätet, wer nicht versteht, wie gut es tut, sich mal richtig hineinzuknien und alles

Links: Jedes Fallschirmchen trägt einen Samen, und der leiseste Windhauch genügt, damit der Löwenzahn überall im Garten aufgeht.

auszurupfen, was einem nicht ins Konzept passt, der hat vom Gärtnern und vom Leben nicht viel verstanden. Den Garten aufräumen ist die beste Methode, um den Kopf auszulüften. Die Hände sind beschäftigt, frischer Wind weht mir um die Nase und ich lasse den Gedanken freien Lauf. So besehen ist Jäten ein wahres Vergnügen.

Helfer im Garten

Gelegentlich fragen mich nun Freundinnen oder auch gut meinende Passanten, ob sie mir beim Jäten helfen können. „Nein!", rufe ich dann jeweils aus, ganz entsetzt bei dem Gedanken, jemand anderes würde in meinem kleinen grünen Paradies Sämlinge auszupfen und in der Erde wühlen. „Nein, und nochmals nein!" In meinem Garten in Irland hatte ich einmal versucht, eine Freundin einzuweihen. Eigentlich ist es ja nicht schwer zu erklären: Alles, was in den quadratischen Beeten wächst und nach Kulturpflanze aussieht, stehen lassen. Alles, was daneben wächst und/oder nach Unkraut aussieht, ausreißen. Ganz einfach, sollte man denken. Wären da nicht unzählige Ausnahmen. Abgesamte Hornveilchen, Borretsch und Ringelblumen wachsen nun einmal nicht in den ordentlich angelegten Quadrätchen. Ich mag Blumen, die überraschend an unerwarteten Stellen auftauchen. Darum gilt bei mir grundsätzlich: Alles, was blüht, stehen lassen – gerade auch, damit es sich selbst wieder aussäen kann. Löwenzahn und Hahnenfuß hingegen blühen und müssen trotzdem ausgerissen werden. Mit den Wurzeln bitte! Die wuchernde Kapuzinerkresse hingegen bleibt nur dort stehen, wo sie dem Gemüse nicht zu viel Platz wegnimmt. Dagegen muss alles, was nach Gras aussieht, weg. Außer dem Schnittlauch natürlich! Und alles, was gut riecht, muss bleiben. Außer der Minze natürlich, die alles zuwuchert, die kommt weg. Meine Freundin hat schließlich entnervt aufgegeben. Und ich habe mir vorgenommen, in Zukunft allein zu jäten.

Zum Schluss noch ein guter Tipp: Wenn man den Giersch nicht loswird und auch mit Aufessen nicht nachkommt, so integriert man ihn am besten. Tulpen und andere Frühlingsblüher sehen beispielsweise ganz hübsch aus mit einem Mäntelchen aus Giersch zu ihren Füßen. Oder man setzt Bärlauch aus. Der wuchert ebenso stark und wird dem Giersch den Platz streitig machen. Zur Not kann man dann auch erst einmal beide zusammen in die Gemüsepfanne hauen.

Links: Eigentlich ganz hübsch, wie sich der Wiesenkerbel (*Anthriscus sylvestris* 'Ravenswing') zwischen den majestätischen Iris ausbreitet.

Von perfekten Partnern träumen

Manche Menschen schließt man einfach ins Herz, andere kann man partout nicht ausstehen. So ist das auch mit den Pflanzen. Jeder hat seine Vorlieben und seine Abneigungen, jede Gärtnerin, jeder Gärtner kombiniert wieder anders. Das ist gut so – im Garten, wie auch im Leben, gibt es keine richtigen und falschen Kombinationen. Aber wie bei den Menschen, so gibt es auch bei den Pflanzen welche, die zusammen einfach besser harmonieren als andere. Einige sehen für einen kurzen Sommer zusammen fantastisch aus, andere kommen ein Leben lang nebeneinander zurecht. So macht es durchaus Sinn, die diversen Gewächse nach ihren Charaktereigenschaften zu kombinieren und sich dann gründlich zu überlegen, wer zu wem passt. Denn richtig spannend wird es im Garten erst, wenn man Pflanzen miteinander kombiniert.

Aufpeppen und verkuppeln

Also, wer passt denn nun zu wem? Und wen könnte man allenfalls auch noch vergesellschaften? Ich erstelle als Erstes Listen mit meinen Traumpaaren: Königslilien mit Argentinischem Eisenkraut *(Verbena bonariensis)*, Zierlauch und Schwertlilien, Englische Rosen mit Rittersporn und Phlox, Maiglöckchen und kleine Funkien. Apricotfarbene Taglilien und dunkle Purpurglöckchen. Bronzefenchel und Sonnenblumen. Bauernpfingstrosen und Fingerhüte. Die Dahlie 'Bishop of Llandaff' sieht mit ihren roten Blüten und dem schwarzen Laub fantastisch aus in Kombination mit gelben Kniphofias, die auch von der Blütenform her einen prickelnden Kontrast bilden. Aber womit lassen sich, um Himmels willen, die hellblauen Hortensien vergesellschaften, die mir eine gutmeinende Bekannte geschenkt hat? Mit den zarten Blüten einer weißen Amstelraute *(Thalictrum aquilegifolium)*? Oder mit einer Funkie, vielleicht *Hosta sieboldiana*, deren blaues Laub die hellblauen Blütenbälle der Hortensie optisch etwas einbinden würde?

Ich werde zur Kupplerin, arrangiere Verlobungen und Hochzeiten. Zunächst ordne ich in Gedanken die Blumenbeete neu, das geht leichter, als gleich alles auszubuddeln. Ich lege Fotos von Pflanzen nebeneinander wie die Karten eines Memory-Spiels. Wie wirkt diese giftgrüne Euphorbie neben den Rembrandt-Tulpen, passt der blaue Storchenschnabel wirklich zu den Bechermalven? Und die roten Geranien, die ich von meinen Garten-Vorgängern übernommen habe, womit ließen sich diese aufpeppen? Ich experimentiere mit den Töpfen auf der Terrasse, mit Schnittblumen. Rittersporn und gefüllte Kosmeen? Fackellilien mit Gräsern? In Gedanken gehe ich das ganze Spektrum an Pflanzen durch, wage neue Kombinationen, lasse sie auf mich wirken, überprüfe, ob ein Einfall auch wirklich taugt, verwerfe und kombiniere neu.

Links: Vorwitzig ragen die Blütenbälle des Kugellauchs *(Allium sphaerocephalon)* aus dem wogenden Gräsermeer.

Rechts: Fast zuviel des Guten: Die Spornblume *(Centranthus ruber)* macht sich zu Füßen der Zistrose *(Cistus purpureus)* breit.

Traumpaare im Jahreslauf

Wie langweilig wären Gärten, gäbe es keine Jahreszeiten! Mit den ersten Frösten im Herbst wird einem zwar manchmal das Herz schwer: Plötzlich sind sie dahin, all die Lieblinge, die bunten Sommerblumen. Über Nacht zu einer braunen unansehnlichen Pappe reduziert, das Leben der gehätschelten Stauden in ihre Wurzeln zurückgezogen, vom prächtigen Laub der Bäume nur noch ein raschelnder, sich rasch zersetzender Haufen übrig. Wer schon einige Jahre gärtnert, atmet nun tief durch und sagt sich: „Geduld, bald wird der Raureif die Sträucher und Bäume verzaubern", man wird nachsehen, ob sich bei den Christrosen vielleicht schon etwas regt oder ob die ersten Knospen hervorlugen. Bald stoßen dann auch die ersten Schneeglöckchen durch die Erdoberfläche und der Blütenreigen beginnt von Neuem.

Eine Gartenecke für jede Saison

Es gibt verschiedene Möglichkeiten, um die Schönheit jeder Jahreszeit im Garten in vollen Zügen genießen zu können. Die einfachste ist, spezielle Gartenecken oder Bereiche einer jeweiligen Saison zu widmen. So blühen im Wintergärtchen unter der Zaubernuss die Schneeglöckchen und Lenzrosen und Krokusse, und Winterlinge zaubern im zeitigen Frühjahr Farbe auf die kahle Erde. Wer etwas mehr Platz zur Verfügung hat, lässt die kräftig roten und gelben Zweige des Hartriegels *(Cornus)* um die Wette leuchten.

Im Frühlingsgarten recken die farblich sortierten Tulpen ihre Hälse aus mit Buchs gefassten Beeten. Stiefmütterchen, Vergissmeinnicht und Goldlack liegen ihnen zu Füßen. An der Hauswand erblühen die ersten Heckenkirschen und die frühen Clematis. Im Mai blühen viele Bäume und Sträucher um die Wette, das schwere Parfüm von Flieder und Pfeifenstrauch liegt in der Luft.

Für den Sommer erübrigt sich meist eine spezielle Gartenecke – allerorten grünt und blüht es, Pfingstrosen und Schwertlilien malen ihre atemberaubenden Bilder in die flirrenden Sommertage, die Rosen schwingen sich zur Hochform auf und übertrumpfen sich gegenseitig im Wettbewerb um Blütenfarben und Duft. Wo

zuvor noch unschöne Lücken klafften, trumpfen nun in letzter Minute gepflanzte einjährige Beetpflanzen.

Im Herbst übernehmen schließlich Rudbeckien, Astern und Gräser das Zepter in den allmählich ermüdenden Beeten. Das Laub der Bäume und Sträucher färbt sich und zaubert feurige Gartenstimmungen und -bilder in den sich nun immer früher verdunkelnden Nachmittagshimmel.

Die Kunst des Durchblühens

Schwieriger und reizvoller als nur einzelne Gartenecken für die vernachlässigten Jahreszeiten anzulegen, ist es, Staudenbeete so zu gestalten, dass sie das ganze Jahr über einen interessanten Anblick bieten. Vielschichtig pflanzen, lautet hier das Geheimnis! Und in dieser Kunst sind die englischen Gärtner nach wie vor unübertroffen. Insbesondere die beiden inzwischen verstorbenen Großmeister der englischen Gartenkunst, Christopher Lloyd und Graham Thomas, haben uns in zahlreichen Publikationen Einblick in ihr Verständnis von der Abfolge der Blütenpracht im Jahreslauf gewährt. Und so gehören „Succession Planting for Adventurous Gardeners" (Christopher Lloyd) und „The Garden Through the Year" (Graham Thomas) auf den Nachttisch eines jedes ambitionierten Gartenfans! Auch der deutsche Staudenzüchter Karl Foerster hat einiges zum Thema beigetragen. Von ihm stammt der in Gartenkreisen inzwischen legendäre Ausruf: „Es wird durchgeblüht!"

Im perfekten Staudenbeet jagt ein Highlight das andere. Natürlich lässt sich dieses Blühwunder nur verwirklichen, wenn wir die ganze Palette der verfügbaren Gartenpflanzen berücksichtigen: von Bäumen, Sträuchern und Kletterpflanzen über Stauden, Zwiebelblumen bis hin zu ein- und zweijährigen Blumen. Solche gemischten Blumenbeete sind außerdem weniger anfällig für Schädlinge und Krankheiten und insgesamt robuster als monotone Pflanzungen. Und vor allem sind sie spannender! Im gemischten Beet wird der Garten sozusagen ständig neu erfunden. Da es im realen Gärtnerleben eigentlich keine perfekten Beete gibt, wird immer wieder verbessert, angepasst und weitergetüftelt. Dies ist das Salz in der Suppe des Gärtners und macht das Gärtnern erst so richtig spannend!

Oben: Rote und gelbe Hartriegel-Zweige *(Cornus)* bringen Farbe in den winterlichen Garten.

Ganz links: Der dunkelrote Austrieb der Rosen harmoniert mit den Tulpen. Damit die Rosen im Sommer genug Nahrung haben, werden die verblühten Tulpen ausgegraben.

Links: *Aquilegia* 'Pink Bonnet' bildet mit Paeonien und Kornblumen ein fröhlich-buntes Trio für Sommerbeete.

Unten: Dichternarzissen (*Narcissus poeticus* 'Old Pheasant's Eye') verwildern gern in einer Wiese.

Das Genie und die Gutmütige

Thomas und Katia Mann

Thomas und Katia Mann waren ein Paar, wie es gegensätzlicher nicht hätte sein können: Er der eitle Exzentriker, der Tag für Tag mit größter Disziplin an seinen Werken schrieb und schon früh den Nobelpreis für Literatur gewann, sie die gutmütige Frau im Hintergrund, die dafür sorgte, dass im Haus Ruhe herrschte und seine pedantischen Arbeitsrituale nicht gestört wurden. Sie musste sich praktisch allein um den großen Haushalt und die Erziehung der sechs gemeinsamen Kinder kümmern. Als die Familie während des Krieges nach Amerika emigrierte, richtete sie das neue Haus schnellstens seinen Gewohnheiten entsprechend ein, damit er ungestört weiterarbeiten konnte. „Genaue Wiederherstellung des Schreibtisches, jedes Stück (...) genau an seinem Platz wie in Küsnacht und schon in München", lautete sein Tagebucheintrag eine Woche nach Ankunft in Amerika. Katia Mann war oft krank – man vermutet, dass sie durch seine extremen Ansprüche schlicht überfordert war. Sie verbrachte lange Kuraufenthalte in Davos und Arosa, was ihn zu seinem Roman „Zauberberg" inspirierte. Als sie mal wieder auf Kur war, beklagte sie sich in einem Brief an ihren Mann: „... denke ich doch manchmal, dass ich mein Leben nicht ganz richtig eingestellt habe, und dass es nicht gut war, es so ausschließlich auf Dich und die Kinder zu stellen."

Tulpen kombinieren

Beim Gestalten mit Zwiebelblumen gilt es vor allem zwei Regeln zu beachten: Erstens die Zwiebeln nicht in strengen Linien, sondern stets in natürlich wirkenden Gruppen anordnen, und zweitens nicht zu viele Sorten durcheinandermischen. Das wirkt unruhig, und der Karneval ist schließlich vorbei. Viel besser sehen Zwiebelblumen aus, wenn man größere Mengen derselben Sorten in Gruppen zusammenpflanzt. Zwei, drei Sorten reichen, um einen fantastischen Effekt zu erzielen. Am natürlichsten wirken Zwiebelblumen in wiesenartigen Pflanzungen.

Originell und exklusiv

Bei den Tulpen kann man gut zwei oder drei verschiedene Farben kombinieren. Allerdings muss man darauf achten, dass sie dann auch gleichzeitig blühen! Am besten wählt man zwei kontrastierende Farben derselben Sorte. Ein bodenständiges, altbewährtes Duo sind gelbe und rote Darwinhybriden, die man im Fachhandel oft auch günstig in großen Säcken bekommt. Origineller wirken aber zwei *Viridiflora*-Sorten zusammen, zum Beispiel die weiß-grüne 'Spring Green' mit der rosa-grünen 'Greenland'. Oder weiße, schwarze und rote Papageitulpen miteinander kombiniert. Einen romantischen Anblick bieten weiße und rosarote lilienblütige Tulpen. Ein weiteres klassisches Tulpenpaar ist 'Queen of Night' mit der zarten rosaroten Sorte 'Shirley'. Exklusiv wirken dagegen schwarze Papageitulpen kombiniert mit der weißen 'Spring Green'!

Rechts: Die zarten Schachbrettblumen *(Fritillaria meleagris)* fühlen sich in feuchtem Gras wohl.

Oben rechts: Dreierlei Tulpen ('Allegretto', 'West Point' und 'Hamilton') haben zusammen mit Vergissmeinnicht einen starken Auftritt im Frühlingsbeet.

Oben links: Rosaroter Lerchensporn *(Dicentra)* ist ein schicker Partner für weiße Tulpen.

Stauden als Partner für Zwiebelblumen

Besonders schön harmonieren Zwiebelblumen mit dem frischen Austrieb von Stauden. Narzissen und gelbe Tulpen kommen beispielsweise vor dem roten Laub von Pfingstrosen besonders gut zur Geltung. Und die sich entrollenden Blätter der Funkien sehen neben Tulpen ebenfalls wunderbar aus. Auch das frische Laub des Frauenmantels lässt sich mit Tulpen und Narzissen aufpeppen.

Sinnvoll ist es, Tulpen mit relativ früh blühenden Stauden wie Fingerhut, Glockenblumen und Bartnelken zu paaren. Diese übernehmen dann das Blühen, wenn die Tulpen welken. Wer die Kombination mit Tulpen hingegen gar nicht verträgt, sind Lilien. Tulpenzwiebeln beherbergen gelegentlich Viren und andere Krankheiten, die den Tulpen meist nicht schaden, den kostbaren Lilien aber den Garaus machen können. Darum pflanze ich Tulpen und Lilien grundsätzlich nie nah beisammen. Auch stark zehrende Stauden wie insbesondere Rittersporn und Rosen mögen es nicht, wenn ihnen die frühreife Konkurrenz zu nahe auf den Leib rückt. Ich achte immer sehr darauf, dass die Zwiebelblumen nicht zu nahe an den Wurzeln anspruchsvollerer Geschöpfe wachsen, so bleibt beiden Partnern genug Kraft.

Für sich selbst sorgen können kleinere Zwiebelblumen wie Krokus und Schachbrettblumen *(Fritillaria meleagris)*, sie verwildern gerne in einer feuchten Wiese. Die Zwiebeln kauft man gemischt: Schachbrettchen und weiße zusammen. So kommen sie auch am besten zur Geltung, und man sollte keine weiteren Partner dazugesellen – einfach nur Wiese als Kontrast sieht am besten aus. Auch von den Krokussen sind im Handel durchaus brauchbare und oft auch günstige Mischungen erhältlich.

Die Menge machts

Besonders in unserem Nachbarland Holland kann man unterschiedliche Zwiebelblumen in größeren Gruppen gepflanzt bestaunen. Meist sind es verschiedene Sorten wie zum Beispiel rote Tulpen, blaue Traubenhyazinthen und gelbe Narzissen. Im Keukenhof, dem berühmten Schaugarten der niederländischen Tulpenzüchter, werden auf diese Art beeindruckende Farbbänder und Muster über die Beete gezeichnet.

Wichtig bei allen Zwiebelblumen: nicht zu wenige nehmen. Sie kommen erst dann richtig zur Geltung, wenn man fünfzig oder hundert, oder in einem größeren Garten auch ruhig einmal tausend Stück auf einmal pflanzt.

Hitzige Pflanzen und Sonnenanbeter

Wer ein wenig vom Gärtnern versteht, der setzt sich im Hochsommer in einen Liegestuhl im kühlen Schatten eines Baumes und lässt die Seele baumeln. Natürlich gibt es zwischendurch das eine oder andere zu tun, hier verstreut etwas unerwünschter Samen, da wollen die Stauden aufgebunden werden. Immer gilt es hier und dort Verblühtes auszuschneiden, und drüben im Küchengarten gibt es allerhand zu ernten. Ich empfinde diese sommerlichen Gartenaktivitäten als Vergnügen; die Schwerarbeit wurde ja schon im Herbst davor und im Frühling beim Pflanzen geleistet. Nun genieße ich zu sehen, wie alles wächst und blüht – und lasse mich überraschen, ob die Beete auch wirklich so aussehen, wie ich sie mir auf meinen Plänen vorgestellt habe. Klar greife ich jeden Tag irgendwo ein. Ich zupfe aus, was zu stark absamt, ich schneide zurück, binde auf, helfe hier und dort einer Lieblingspflanze nach. Aber wenn man bei der Planung einigermaßen klug vorgegangen ist, kann man die Gartenarbeit während der heißen Sommermonate doch etwas lockerer angehen.

Insgesamt macht es Sinn, seinen Garten so geschickt zu planen und zu bepflanzen, dass man dann nicht die schönste Zeit des Jahres über sein Sklave ist. Und das heißt in erster Linie: Pflanzen wählen, die man nur wenig oder gar nicht gießen muss und nur robuste Sorten pflanzen, die nicht gespritzt werden müssen. Das ist auch aus ökologischer Sicht sinnvoll. Die große Ausnahme ist da natürlich der Küchengarten. Tomaten werden nun mal nichts ohne regelmäßige Wassergaben, durstiger Salat schießt auf, und die Zucchinis gedeihen auch nur dann, wenn man sie täglich gießt. Aber auf den ganzen Garten gesehen kann man sich mit kluger Planung eine Menge schweißtreibender sommerlicher Gießarbeit ersparen.

Die Sache mit dem Wasser

Und dort, wo man doch gießen muss, gilt stets: Lieber viel Wasser auf einmal geben, damit die Erde gut durchtränkt ist, und dann warten, bis der Boden wieder trocken ist. So wachsen die Wurzeln in die Tiefe. Wenn man jedoch stets nur ein bisschen gießt, bilden sich flache Wurzeln, und die Pflanzen verdursten umso schneller. Neben Tomaten, Zucchinis und anderen stets durstigen Gemüsesetzlingen grabe ich einen leeren Tontopf neben den Wurzelballen ein. Wenn der Boden sehr trocken ist, kann das Gießwasser durch den Topf direkt zu den Wurzeln sickern, statt zu verdunsten.

Mediterrane Schönheiten

Zahlreiche Pflanzen lieben heißes, trockenes Wetter. An erster Stelle die mediterranen Gewächse wie Zistrosen, Wacholder, Lavendel, Heiligenkraut, Beifuß und die ganze Palette der mediterranen Kräuter wie Oregano, Thymian, Rosmarin – einfach alles, was kleines, behaartes sowie silbriges Laub hat, verträgt die Hitze bestens. Dasselbe gilt für südländische Kübelpflanzen wie Oleander, Oliven und Lorbeer. Auch Reben müssen nur bei allergrößter Trockenheit gelegentlich gegossen werden. Eine Ausnahme sind Zitrusgewächse, die Hitze lieben, aber doch ordentlich Wasser brauchen.

Anspruchslose Alleskönner

Mediterrane Pflanzen sind so dezent und vielseitig, dass man sie praktisch alle miteinander kombinieren kann. Sei es ein südländisch anmutendes Kräutergärtchen, das auch auf einem sonnigen Balkon immer was hermacht, oder ein Zitronenbäumchen, passend von Zitronenthymian umgeben. Ein fantastisches Paar bilden die blau blühenden Schmucklilien (Agapanthus) und Lavendel. Wenn man dann im Sommer auf Balkon oder Terrasse einmal die Beine hochlegen möchte, lohnt sich eine besondere Sorgfalt beim Bepflanzen der Gefäße im Frühling. Das Wichtigste ist dabei, ein hochwertiges, den Pflanzen entsprechendes Substrat zu wählen. Die meisten mediterranen Gewächse mögen durchlässige Kübelpflanzenerde mit einem hohen Anteil an Sand und Kies. Torf bekommt ihnen schlecht, weil er entweder zu nass ist oder austrocknet und sich dann kaum mehr befeuchten lässt.

Links: Yuccapalmen und Keulenlilien *(Cordyline)* kommen auch an extrem trockenen, heißen Standorten gut zurecht.

Rechts: Für heiße Sommerstimmung sorgen *Helenium*, *Crocosmia* und Dahlien in feurigen Farben.

Staudenpaare, die wenig Durst haben

Auch unter den Stauden gibt es viele, die mit Trockenheit bestens zurechtkommen. Ein sommerliches Feuerwerk versprühen Canna, Fackellilien sowie die orangefarbenen bis gelben Montbretien. Dazu setze ich gerne Gladiolen *(Gladiolus communis)* und Vexiernelke *(Lychnis coronaria)* mit ihren leuchtenden magentaroten Blüten. Wer lieber Beete Ton in Ton mag, kombiniere zu den magentafarbenen Stauden Glockenblumen in zarterem Violett. Sowohl *Campanula latifolia* wie auch *Campanula trachelia* kommen mit wenig Wasser zurecht. Kleine Nelken wie zum Beispiel Dianthus 'Pike's Pink' geben sich ebenfalls mit wenig Wasser zufrieden. Zart, aber zäh sind viele Storchenschnabel-Sorten. Insbesondere der feinblättrige Braune Storchenschnabel *(Geranium phaeum)* ist ein gutes Sommerpaar – es gibt ihn nämlich mit weißen und mit beinahe schwarzen Blüten. Auch Königslilien vertragen die Hitze recht gut. Madonnenlilien mögen es ebenfalls sonnig, doch ihr saftiges Laub braucht im Hochsommer regelmäßig Wasser. Gut und ohne viel Wasser kommen hingegen die Taglilien *(Hemerocallis)* durch heiße Tage. Ihr grasartiges Laub verdunstet nur wenig Feuchtigkeit.

Eine beeindruckende Erscheinung, und an heißen Sommertagen eine Erfrischung fürs Gemüt ist die giftgrüne *Euphorbia characias*. Dazu passt die kühle violette *Perovskia* 'Blue Spire' mit ihrem feinen, silbrigen Laub. Auch Zierlauch *(Allium)* kommt mit wenig Wasser zurecht, besonders *Allium christophii* mit seinen kräftigen Stängeln.

Hitzige Einjährige

Zuallererst sind hier die Nachtkerzen *(Oenothera biennis)* zu nennen, die sich auch bei größter Trockenheit noch munter versamen. Königskerzen *(Verbascum)* und Kalifornischer Mohn *(Eschscholzia)* stehen ihnen diesbezüglich in nichts nach. Zitronengelbe Nachtkerzen sehen neben Kalifornischem Mohn ganz nett aus. Auch Löwenmäulchen *(Anthirrium)*, hier vor allem die Zwergsorten, sowie Stockrosen *(Alcea rosea)* und Kapmargeriten *(Osteospermum)* vertragen einiges. Das Steinkraut *(Alyssum)* duftet an heißen Tagen besonders intensiv. Und Kapuzinerkresse blüht bei Trockenheit sogar besser! Ist es zu feucht, bilden die Kapuziner nämlich fast nur Blätter. Wenn man sie aber nicht gießt, dann blühen sie wie verrückt. Schön ist die Kombination einer einfachen und einer gefüllten Sorte in unterschiedlichen Farben.

EINJÄHRIGE TRAUMPAARE

Weiß und Rosa:
Spinnenblume (*Cleome* 'Sparkler Rose F1') und einjähriger Rittersporn (*Delphinium* 'Belladonna White')

Blau und Orange:
Kornblumen *(Centaurea cyanus)* und niedere Studentenblumen *(Tagetes patula)*

Braun und Gelb:
Mädchenauge *(Coreopsis grandiflora)* und zitronenfarbene Petunien (*Petunia* 'F1 Prism Sunshine')

Pastellfarben:
Kapkörbchen *(Dimorphotheca sinuata)* und Leberbalsam *(Ageratum houstonianum)*

Weiß und Gelb:
Zwergmargerite *(Chrysanthemum paludosum)* und Astblumen *(Cladanthus arabicus)*

Tricolore:
Männertreu *(Lobelia erinus)*, Prachtsalbei *(Salvia splendens)*, niedere Zinnien (*Zinnia* 'Profusion White')

Weiß und Grün:
Ammikraut (*Ammi visnaga* 'Green Mist') und Muschelblume *(Mollucella laevis)*

Schwarz und Weiß:
Buntnessel *(Solenostemum palisandra)* und Kosmeen (*Cosmos bipinnatus* 'Sonata Weiss')

Orange und Violett:
Niedere Zinnien (*Zinnia* 'Profusion Orange') und violette Petunien

Links: Noch einmal richtig bunt geht es im Herbst mit Astern und Rudbeckien zu.

Unten: Die Lampionpflanzen *(Physalis)* leuchten vor dem dunklen Laub des Perückenstrauchs *(Cotinus)* auf.

Farbsprühende Spätzünder

Wenn die Tage allmählich kürzer werden, läuft der Garten noch einmal richtig zur Hochform auf. Nun leuchten Dahlien, Rudbeckien, Fackellilien und Sonnenhut neben remontierenden Rosen oder den Hagebutten einmal blühender Sorten um die Wette und zünden ein regelrechtes Herbstfeuerwerk. Wer hingegen zarte Farben bevorzugt, erfreut sich jetzt an dem breiten Sortiment der Astern, Fetthennen und Herbstanemonen. Mit ihnen harmonieren buntblättrige Salvien oder auch Purpurglöckchen – und natürlich der endlose Herbstreigen der Gräser.

Herbstlaub und Herbstfarben

Echte Highlights sind kleine Bäume und Sträucher, deren Laub sich im Herbst kräftig bunt färbt. Zweifellos zu den spektakulärsten gehören japanische Ahorne. Manche Ahornsorten werden in Japan sogar nur wegen ihrer Herbstfärbung gepflanzt. Das kräftig rote Laub von *Acer palmatum* darf in keinem asiatisch angehauchten Garten fehlen. Auch Felsenbirnen, insbesondere *Amelanchier lamarckii*, bieten spektakuläre Herbstfarben. Ein besonders kräftig leuchtender Blickfang ist das Herbstlaub des Perückenstrauchs. Auch viele Ebereschen, wie beispielsweise die Sorte 'Joseph Rock' mit ihren gelben Beeren, sind im Herbst sehr attraktiv.

Warum verfärbt sich das Laub im Herbst?

Sobald die Tage kürzer werden und die Temperaturen sinken, wird in den Blättern von Bäumen und Sträuchern kein grüner Blattfarbstoff (Chlorophyll) mehr produziert. In der Folge verblasst das Grün, und die anderen im Blatt vorhandenen Farbpigmente kommen zur Geltung. Das Laub färbt sich goldfarben, orange oder rot. Die Intensität der Rotfärbung schwankt im Gegensatz zu der Gelbfärbung von Jahr zu Jahr, da sie von der Witterung abhängt. Am intensivsten rot färben sich die Blätter, wenn es trocken und sonnig ist und nachts sehr stark abkühlt, aber ohne dass die Temperaturen unter den Gefrierpunkt sinken. Sobald es noch kälter wird, beginnen die Blätter zu fallen, die Bäume bereiten sich auf den Winter vor.

Gemeinsam alt werden

Besonders im Herbst sind Pfanzenkombinationen gefragt, die harmonisch miteinander alt werden können. Jetzt kommen, nebst den Gräsern, vor allem die Einjährigen und Stauden mit ihren dekorativen Samenständen zum Tragen. Fantastisch sehen verblühte Ananaslilien *(Eucomis)* aus, aber auch größere Zierlauchsorten *(Allium)*, Jungfern im Grünen *(Nigella)*, Iris und Brandkraut *(Phlomis)*. Auch Muschelblumen *(Molucella laevis)*, Silberlinge *(Lunaria)*, Schlafmohn *(Papaver somniferum)*, Statizen *(Limonium)*, Sternskabiosen *(Scabiosa stellata)*, Trommelstock-Blumen *(Craspedia globosa)* und Sonnenhut *(Echinacea purpurea)* sind in verblühtem Zustand eine wahre Zierde. Zusammen mit nicht zu starkwüchsigen Gräsern bilden sie herbstliche Paare, die auch von Raureif bedeckt noch zauberhaft aussehen. Zurückgeschnitten werden sie deswegen erst im Frühling. Ein schönes einjähriges Gras ist beispielsweise das Hasenschwanzgras *(Lagurus ovatus)*. Zierhirsen *(Pennisetum)* passen ebenfalls gut zu trockenen Samenständen von Stauden.

Alt, aber nicht nutzlos

Auch verblühte Sonnenblumen können witzig aussehen. Außerdem lieben es die Vögel, sich an den reifen Kernen zu verköstigen. Die Blütenköpfe besonders großer Exemplare lege ich jeweils zusammen mit Kürbissen, Kastanien und anderen Herbstdekorationen zum Schmücken der Terrasse oder des Hauseingangs aus.

Links: Einen starken Auftritt hat die gelbe *Kniphofia* 'Brimston' vor den dunklen Fetthennen *(Sedum)*.

Rechts: Die Samenkapseln von *Iris foetidissima* lassen sich gut mit Herbstblumen kombinieren.

Rechts oben: Schokokosmos *(Cosmos atrosanguineus)* und eine verblühte Ananaslilie *(Eucomis)* kommen vor der gelben Herbstfärbung des *Acer palmatum* gut zur Geltung.

Frost sei Dank

Im Winter wünsche ich mir meine Traumpaare unter die Erde. Jawohl! Sie sollen ausruhen. Schnee soll auf ihnen liegen, eine dicke Schicht, unter der die Rosen und Stauden sich von den Strapazen des Sommers erholen und ausruhen können. Im Winter geht nichts über einen kräftigen Frost. Der gefrorene Boden ist gut begehbar, die Luft trocken und erfrischend, und die fahle Wintersonne taucht die Wolken über dem Gebirge morgens und nachmittags in ein warmes, lachsfarbenes Licht: zauberhaft! Solange nicht zu viel Schnee liegt, nutze ich die kalten Tage, um Mist auf die gefrorenen Beete zu schaufeln. Da alles gefroren ist, sinkt die Schubkarre nicht ein und der Dreck auf den Wegen und in der Wiese hält sich in Grenzen. Auch die Vögel haben ihre Freude daran: Hungrige Meisen, Rotkehlchen und Gimpel hüpfen aufgeregt vor mir her und picken Schnecken, Raupen und allerlei Ungeziefer auf. Wenn die frische Erde dann gefriert, wird sie von weiteren Schädlingen gereinigt. Der Frost nimmt einem also auch Arbeit ab. Zudem braucht man die Klumpen nicht zu zerkleinern, da sie bis zum Frühjahr von selber zerfallen. Man kann es im Garten nämlich auch übertreiben mit der Arbeit und Schufterei. Also warum nicht im Winter die Erde einfach sich selber überlassen.

Während ich also draußen schaufle, erfreue ich mich an den silberborkigen Stämmen der Birken, an den letzten Samenständen und Gräsern, die noch nicht von der Schneelast erdrückt wurden, und ich bewundere die Schneeglöckchen und Christrosen. Aber ansonsten sollen sie nun ruhen, meine blühenden Stars.

Neue Herausforderungen

So mancher Gartenfreund freut sich über den Treibhauseffekt und die damit verbundenen milden Winter, die uns in Zukunft bevorstehen. Er freut sich, endlich, empfindliche Gewächse aus wärmeren Klimaten im Garten zu ziehen. Das klingt verlockend, aber tatsächlich sind milde Wintertage meistens grau und der Boden ist einfach nur nass und sumpfig. Für die Pflanzen ist das überhaupt nicht gut. Insekten, Pilze und Bakterien vermehren sich wie verrückt. Treiben die Pflanzen dann aus, ist es umso schlimmer. Sie erfrieren beim ersten Frost, der ja doch irgendwann kommt.

Links: Weiß verzuckert stehen die Samenstände von *Echinacea purpurea* vor dem *Nothofagus nervosa*.

Rechts: Feuerrot leuchten die Zweige von *Cornus alba* in der Wintersonne, ihre Wirkung wird durch die Silberlinge *(Lunaria)* noch verstärkt.

Auf gute Zusammenarbeit

Gertrude Jekyll und Edwin Lutyens

Sie kreierte Gärten, die eine frohe Leichtigkeit und eine zeitlose Eleganz ausstrahlten. Er entwarf nicht nur Häuser, sondern wandte sich zunehmend auch den architektonischen Aspekten der Gartengestaltung zu, schuf majestätische Treppen und sanft geschwungene Mauern. Von ihm stammt die legendäre Lutyens-Bank, die noch heute in vielen englischen Gärten steht.
Über Jahrzehnte arbeitete Gertrude Jekyll mit dem über zwanzig Jahre jüngeren Sir Edwin Lutyens zusammen. Mitunter wählte sie Pflanzen mit geradezu architektonischer Wirkung, wie Riesendisteln, Rittersporn oder Artischocken, die sie in Kontrast zu seinen Bauwerken setzte. Mit leichtfüßigen Schönheiten wie Madonnenlilien, Rosen oder Lupinen in zarten Pastelltönen führte sie ihre Staudenrabatten optisch an die Bauwerke heran. Stets suchte Gertrude Jekyll ihre Pflanzungen harmonisch mit der Architektur des Hauses zu verbinden. Beide waren sie der Arts-and-Crafts-Bewegung verbunden – als Reaktion auf die Industrialisierung wandte man sich wieder dem Natürlichen, Handgemachten und Authentischen zu.
Und so erstaunt es nicht, dass die Zusammenarbeit der wohl einflussreichsten Gärtnerin des 20. Jahrhunderts mit einem der berühmtesten Architekten seiner Zeit auf solidem Handwerk beruhte – und der gemeinsamen Suche nach der natürlichen, zeitlos schönen Form.

Jung und Alt

Zeit ist im Garten ein wichtiger Faktor. Es geht dabei nicht nur darum, das Timing richtig hinzubekommen, sodass die Traumpaare wirklich zur gleichen Zeit blühen. Vor allem ist die unterschiedliche Lebensdauer der Pflanzen zu berücksichtigen. So blühen Einjährige innerhalb einer Saison, bilden im Herbst ihre Samen und gehen dann ein. Zweijährige bilden im ersten Sommer Blätter, um im zweiten Jahr zu blühen und sich danach zu verabschieden. Stauden überdauern jahrelang, wenngleich viele von ihnen nach einigen Wachstumsperioden ermüden und geteilt werden müssen. Rosen und Sträucher können, einmal gepflanzt, jahrzehntelang am selben Standort nebeneinander gedeihen. Und Bäume, ja die brauchen erst einmal viele Jahre Geduld, bis sie groß und stattlich geworden sind.

Gute Planung zahlt sich aus

Gerade wenn man einen neuen Garten anlegt, ist es wichtig, langlebige und langsam wachsende Pflanzen erst einmal provisorisch mit kurzlebigen zu ergänzen. Bis die Sträucher und Bäume groß sind, wachsen zu ihren Füßen einjährige Sommerblumen. Schokoladenblumen *(Cosmos)* fügen sich mit ihrem zarten Laub gut zwischen die Äste und Zweige junger Büsche ein, aber auch Astern, Rudbeckien und Margeriten fühlen sich hier wohl, zumal ihre schlaksigen Stiele zwischen den Zweigen etwas Halt finden.

Links: Mit ihrem sonnigen Gemüt sorgt *Rudbeckia* 'Golden Brown' für gute Laune im Staudenbeet.

Rechts: Harmonisch webt der Storchenschnabel seine Blütentriebe zwischen *Delphinium* 'Clear Springs Blue' und *Papaver* 'Patty's Plum'.

Auch Zweijährige und Stauden begleiten junge Büsche und Bäume in den ersten Jahren und ziehen sich dann langsam zurück, sobald die größer gewordenen Gehölze Schatten zu werfen beginnen. Einige Stauden, wie zum Beispiel Funkien, Nelkenwurze und mancher Storchschnabel fühlen sich auch unter größeren Bäumen noch wohl. Die zweijährigen Fingerhüte samen sogar besonders gerne im lichten Schatten von Bäumen ab, dort, wo ihre hellen Blütenkerzen bestens zur Geltung kommen.

Ein bisschen Paartherapie

Wie bei den Menschen, so auch bei den Pflanzen: Manche Paare brauchen ein wenig Unterstützung, damit es ihnen gelingt, längerfristig zusammenzubleiben. So muss man der zart besaiteten Dame gelegentlich gut zureden, damit sie doch noch ein wenig bleibt, und dem eigenwilligen Herrn auch mal ein wenig schmeicheln, damit er sich nicht gleich beim erstbesten Problem wieder aus dem Staub macht. Er schenkt ihr schon mal eine Extraschachtel Pralinen, und vielleicht drückt sie dafür ob seiner Kapriolen ein Auge zu.

Eine Extraschachtel Pralinen beziehungsweise etwas mehr Nährstoffe brauchen stark zehrende Stauden, wie zum Beispiel die Rittersporne. Auch Rosen wollen hin und wieder mit besonderen Leckereien verwöhnt werden. Sie schätzen gelegentliche Extraportionen Kompost, Mist oder Rosendünger. Die grundsätzlich etwas zart besaiteten Clematis gedeihen am Fuß von Koniferen oft nur, wenn man ihnen eine Sonderbehandlung zukommen lässt und sie in große Gefäße setzt, die man in der Erde vergräbt. So ranken sie sich dann friedlich an den grünen Riesen hoch, ohne dass sie mit deren gefräßigen Wurzeln um die Nahrung streiten müssen.

Ein langlebiges und harmonisches Trio ist der Brennende Busch *(Dictamnus albus)* zusammen mit der Makedonischen Witwenblume *(Knautia macedonica)* und Rosen – vorausgesetzt, jeder hat genügend Freiraum für sich und genug Nahrung.

Bis dass der Tod euch scheidet

So wie es bei uns Menschen gelegentlich Paare gibt, die harmonisch miteinander alt werden, finden sich solche auch in der Pflanzenwelt, nicht sehr oft, aber es gibt sie doch. Zum Beispiel eine Rose und eine Rebe. Die eine liefert süße Trauben und Wein, die andere betört mit duftenden Blüten und erfreut unsere Augen. Die schöne Rose hilft der Rebe sogar, indem sie dem Weinbauern anzeigt, wann der Sternrußtau droht: Sobald die ersten Blätter der Rose befallen sind, weiß er, dass er nun schleunigst die Reben spritzen muss.

Darum prüfe, wer sich ewig bindet

Harmonisch ergänzen sich auch Kletterrosen und Clematis. Haben sie sich einmal aneinander gewöhnt, bleiben sie viele Jahre, oft gar Jahrzehnte zusammen. Rosen wachsen gern auf der sonnigen Seite der Kletterhilfe, während die Clematis ihre Füße lieber im kühlen Schatten haben. So kommt jede auf ihre Kosten, und sie ranken zusammen in luftige Höhen. Auch farblich lassen sich mit Rosen und Clematis unzählige Traumpaare zusammenstellen.

Beim Kombinieren von Rosen und Clematis muss man nebst den Farben vor allem darauf achten, dass die Kultivare ähnliche Bedürfnisse in puncto des Schnitts haben und ähnlich stark wachsen. Die im Frühling blühenden *Clematis montana* wachsen alle sehr stark, darum kombiniert man sie mit den ebenfalls kräftig wachsenden Ramblerrosen. Die Clematis blühen im April und Mai, und im Juni folgen die Rosen, danach können beide nach Bedarf zurückgeschnitten werden. Ansonsten sind *Clematis montana* als Hintergrund für Rosenbeete gut geeignet – sie können eine hässliche Wand ganz bedecken, aber man muss darauf achten, dass sie mit ihren Ranken die schwächerwüchsigen Rosen nicht erdrosseln.

Bei den später blühenden Clematis ist 'Jackmanii' ein Klassiker zum Kombinieren mit Rosen. Seine violetten Blütensterne kommen mit rosaroten, weißen oder roten Rosen wunderbar zur Geltung. Wer Komplementärfarben mag, experimentiere auch mit gelben und orangfarbenen Strauchrosen. Ich pflanze die Jackmannii-Clematis besonders gerne mit kleinblütigen rosaroten Rosen, beispielsweise 'Ballerina' oder 'The Fairy'. Schöne Farbkontraste bilden lachsfarbene Rosen mit violetten Clematis, so passen beispielsweise die zarten englischen Rosen 'Pegasus' oder 'Jane Austin' hervorragend zu *Clematis* 'Lasurstern'.

Rosen vertragen sich außerdem gut mit Heckenkirschen und können auch mit ihnen zusammen in Frieden altern.

Miteinander alt werden

Unter den Stauden zählen Pfingstrosen zu denjenigen, die das höchste Alter erreichen können. In verwahrlosten Gärten sind sie oftmals die letzten Überlebenden, die sich noch zwischen Brennnesseln und wilden Brombeerranken behaupten. Ein guter, ebenfalls langlebiger Partner für die roten Bauernpfingstrosen ist der Gelbfelberich, der noch im Greisenalter sonnig-fröhlich blüht.

Eine andere Strategie, zusammen alt zu werden, ist es natürlich, sich aus dem Weg zu gehen. Getrennte Schlafzimmer, würde man bei den Menschen sagen, oder jeder soll dem anderen seinen Freiraum lassen. Bei den Pflanzen bedeutet das, die eine blüht früh im Jahr, die andere im Sommer – so ist gewährleistet, dass sie sich nicht gegenseitig in die Quere kommen. Schneeglöckchen und Pfingstrosen sind ein solches Paar. Obwohl man sie nie gemeinsam sehen wird, werden sie doch gemeinsam alt.

Links: Jahrzehntelang glücklich zusammen blühen Clematis und Rosen. Auf dem Bild vereinigt sich die Clematis 'Lazurstern' mit der Rose 'Jayne Austin'.

Rechts: Pfingstrosen werden uralt. Hier blüht *Paeonia* 'Claire de Lune'.

RAUM FÜR DIE GESELLIGEN

Traumhafte Blumenbeete

Im Staudenbeet tanzen die blühenden Paare um die Wette. Und wenn die Harmonie nicht mehr stimmt oder zwei Sorten einander in die Quere kommen, dann buddle ich die Konfliktpartner aus und kombiniere sie neu. Und wie das Leben, so ist auch ein noch so gut geplantes Staudenbeet voller Überraschungen.

Duette im Staudenbeet

Blumenbeete mit Stauden, Rosen und Sommerblumen liebe ich über alles, weil sie sich so leicht umgestalten und verändern lassen. Auch ein noch so gut geplantes Staudenbeet ist stets mit wundersamen Zufällen gespickt. Nirgendwo sonst im Garten lassen sich Paare besser kombinieren – und auch wieder trennen, falls sich eine Ehe als unglücklich erweisen sollte. Die Rosen bleiben natürlich immer am selben Ort, ebenso wie die Sträucher, die ja die Kulisse im Hintergrund bilden. Die Einjährigen aber wechseln von Saison zu Saison. Und bei den Stauden ist auch ständige Veränderung angesagt.

Buch führen über glückliche Paare

Den Sommer über notiere ich fleißig meine Beobachtungen im Garten, wer mit wem harmoniert und welche Stauden sich nicht mögen. Ich schreibe akribisch auf, welche einjährigen Blumen sich zum Vermählen bewährt haben und welche nicht. Die Zinnien waren mir letztes Jahr zu bunt und zu aufdringlich in ihrem Gebaren. Auch Tagetes kommen mir nicht mehr in die Blumenbeete – sie wirken zu steif und künstlich, sie wollen sich beim besten Willen nicht in das Gesamtbild einfügen. Ich pflanze sie höchstens als Schneckenfutter am Rand des Gemüsegartens. Kosmeen hingegen sind ein Dauerbrenner in meinen Blumenbeeten – ihre zarten Weiß- und Rosatöne und das filigrane Laub fügen sich überall ein und geben in fast jeder Gartensituation ein gutes Bild ab. Auch die Spinnenblumen *(Cleome)* dürfen als einjährige Füller in meinen Staudenbeeten nie fehlen.

Gartenbilder zum Träumen

Immer wieder fotografiere ich meine Beete, um Gelungenes festzuhalten. Einfach traumhaft, wie der Meerkohl *(Crambe maritima)* mit seinem weißen Blütenschaum die Kardys *(Cynara cardunculus)* umschmeichelt! Und erst das dunkeläugige *Geranium* 'Anne Folkard' zu Füßen der Alten Englischen Rose 'Constance Spry' – ein Paar von vollendeter Harmonie. Oder der weinrote Bartfaden (*Penstemon* 'Garnet') neben dem rosa-weißen Phlox (*Phlox paniculata* 'Graf Zeppelin'), fantastisch!

Links: Passt die majestätische Iris 'Provencal' tatsächlich vor die Katzenminze (*Nepeta racemosa* 'Walkers Low')? Oder sollte sie der vorwitzige walisische Scheinmohn *(Meconopsis cambrica)* zum Tanz auffordern?

Rechts: Traumhaft, wie der Meerkohl *(Crambe maritima)* mit seinem weißen Blütenschaum die Kardys *(Cynara cardunculus)* umschmeichelt.

Links: Rote und violette Lupinen ergänzen sich harmonisch. Alle Farben derselben Lupinensorte lassen sich gut kombinieren.

Rechts: Das Violett des Zierlauchs *(Allium)* harmoniert wunderbar mit den Königslilien *(Lilium regalum)*.

Sie wirken so unordentlich vor den klar konturierten Blütenhüten der Lilien. Vielleicht fällt mir bis zum Herbst noch ein eleganterer Partner ein. Und was habe ich mir bloß dabei gedacht, als ich gelbe Schafgarben ins Spiel brachte? Und die majestätischen bordeauxroten Schwertlilien, wirken sie vor der Katzenminze nicht ein wenig deplatziert? Würden ein paar Tupfer Gelb sie etwas aufmuntern? Vielleicht sollte ich im nächsten Jahr zu ihren Füßen eine Prise Walisischen Scheinmohn *(Meconopsis cambrica)* aussäen?

Storchenschnabel schmiegt sich an die Stängel

Aber vor allem führe ich Buch über meine Staudenbeete, um mich im Herbst noch an die Fehler im Frühjahr und Sommer zu erinnern und über zweifelhafte Kompositionen in aller Ruhe nachzudenken. Passt der feuerrote Türkenmohn wirklich zum Rittersporn? Und was genau hat der Eisenhut mit diesem Paar zu tun? Würde sich eventuell weißer Türkenmohn besser eignen? Vielleicht wirkt das Ganze dann zu fade. Besser, ich grabe den Rittersporn aus und setze ihn ins andere Beet, wo er vor den Rosen gut zur Geltung käme. Und der zarte Storchenschnabel im Vordergrund schmiegt sich dann an seine langen Stiele und ergänzt sich perfekt mit den langen blauen Blütenstängeln des Rittersporns.

Ein paar Tupfer Gelb zum Aufmuntern

Das Violett des Zierlauchs harmoniert dagegen wunderbar mit der zarten Außenfärbung der Königslilien. Die Taglilien jedoch, deren Laub viel zu mächtig wird, haben neben dem Brennenden Busch *(Diptam)* nichts mehr verloren! Die orangefarbenen Lilien *(Lilium lancifolium* var. *splendens)* notiere ich mir. Sie gefallen mir sehr, aber ob die Tabakblumen *(Nicotiana langsdorffii)* wirklich dazu passen?

DIE BESTEN LÜCKENFÜLLER

- Kosmeen *(Cosmos)* sind so filigran, dass sie ihre Partner nicht erdrücken.
- Spinnenblumen *(Cleome)* zaubern Charme in die Lücken zwischen Rosen und Stauden.
- Funkien *(Hostas)* passen eigentlich zu allem. Es gibt sie in allen Grüntönen und sogar in Blau.
- Weiße Lilien, insbesondere die Königslilie *(Lilium regalum)*, lassen sich auch mit allen möglichen Partnern vergesellschaften.
- Jungfer im Grünen *(Nigella)* wächst schnell und kann im Frühling gut direkt in Lücken gesät werden.
- Muschelblumen *(Mollucella laevis)* mit ihren lindgrünen Blüten kommen in fast jeder Gartenbeziehung zurecht.

Mut zur Veränderung

Die großen Margeriten, die mir in einer schwachen Winterstunde im Samenkatalog so verführerisch erschienen sind, gefallen mir jetzt nicht mehr. Erstens hätte ich sie nicht neben die Lupinen pflanzen sollen – das sieht doch gar zu unbedarft aus, und zweitens hätte ich sie, genau genommen, gar nicht erst bestellen und ziehen sollen. Aber da sie sich nun so offensichtlich wohl fühlen, lasse ich sie noch gewähren, bis sie verblüht sind. Und dann nichts wie weg damit. Denn sobald die Tage kürzer werden und sich die Stauden langsam zurückziehen, werden im Beet die Karten neu gemischt.

Ton in Ton passt immer

Stets harmonisch wirken Ton-in-Ton-Kombinationen. Es wird sich zeigen, ob ich die dunkle Akelei-Schönheit *Aquilegia atrata* vor dem Japanischen Fächerahorn (*Acer palmatum* 'Atropurpureum') ansiedeln kann – sie würde die Farbe seines schwarzroten Laubes perfekt aufnehmen. Und die Lupinen werden bei der Gelegenheit gleich in den Gemüsegarten umziehen, denn dort fehlt noch ein ordentlicher Farbtupfer! Lupinen in zwei sich ergänzenden Farben sind stets ein angenehmes, harmonisches Duo, bei dem man nichts falsch machen kann

Raus mit den Störenfrieden

Wenn mir eine Disharmonie ins Auge sticht oder sich zwei Stauden vor meinem Fenster einander in die Quere kommen, stört es mich oft so sehr, dass ich nicht bis zum Ende der Saison warten kann. Und schon am nächsten milden, regnerischen Tag heißt es: Her mit dem Spaten und raus aus der Erde mit den beiden unverträglichen Störenfrieden. Dann wird gebuddelt und geteilt und die Karten werden neu gemischt. Der Nebeneffekt ist nur, dass es mit jedem Mal, wenn ich Stauden ausgrabe, mehr werden. Sind sie einmal aus der Erde raus, lassen sie sich nämlich gut zerteilen. Größere Stauden kann man schon mal mit einem scharfen Spaten in vier oder sechs Stücke schneiden. Man muss dabei nur achtgeben, dass an jedem Stück genug Wurzeln verbleiben!

Matchmaking im Garten

Nun gilt es, einen klaren Kopf zu bewahren und sich möglichst genau vorzustellen, wer mit wem gut gedeihen könnte und wer in welcher Nachbarschaft am besten zur Geltung käme. Das ist Matchmaking pur im Garten. Jeder professionelle Heiratsvermittler könnte da noch was lernen! Ich lege die Stauden zunächst einmal provisorisch da hin, wo ich sie zu pflanzen gedenke, dann trete ich ein paar Schritte zurück. Passen die giftgelben Euphorbien wirklich vor die Rittersporne? Oder verkuppele ich sie nicht doch lieber mit den Funkien? Und die Tränenden Herzen, werden sie neben den Astern genug Luft haben oder drohen die starkwüchsigen Herbstblüher, sie den Sommer über zu ersticken?

Die neuen Paare gut angießen

Sobald ich von meinen neu arrangierten Partnerschaften überzeugt bin, heißt es, alle wieder unter die Decke beziehungsweise in die Erde zu bringen. Nun gut angießen, auch wenn es regnet. Das ist das eigentliche Geheimnis, damit das Umpflanzen und Teilen von Stauden klappt: Stets so kräftig gießen, dass die Wurzeln regelrecht in die neue Erde eingeschwemmt werden. So fassen die geteilten Stauden am neuen Standort problemlos Fuß. Das Umorgeln der Staudenbeete hat durchaus auch einen therapeutischen Effekt.

Wie im Leben, so im Beet

Nie in meinem Leben habe ich so viele Stauden verpflanzt, nie habe ich meine Beete so häufig geändert wie während der Trennungsphase von meinem ersten Mann. Sowie meine Ehe in die Brüche ging, habe ich versucht, wenigstens die Pflanzen glücklich zu verheiraten und im Staudenbeet die Harmonie zu kreieren, die es in meinem Leben nicht mehr gab. Gärten sind ja in vielerlei Hinsicht ein Spiegel unserer Seele. Wie übermütig sich die Steppenkerzen vor den Mohnblumen erheben das muss ein fröhlicher Mensch gewesen sein, der sich diese Kombination ausgedacht hat! Oder hat der Gärtner versucht, seine Laune aufzumuntern, indem er sich ein besonders fröhliches Blumenpaar ausgesucht hat? Ein Psychologe könnte sicher auch aus der Art, wie wir Pflanzen kombinieren, einiges über unseren Charakter ablesen!

Links: Diese beiden sind rundum glücklich. *Verbena bonariensis* und *Penstemon* 'Alice Hindley' fühlen sich zusammen wohl.

Rechts: Frech erheben sich die Steppenkerzen *(Eremurus stenophyllus)* über einem Meer aus Mohnblumen.

Dreierkisten und Quartette

In gelungenen Blumenbeeten sind es oft Kombinationen aus drei und mehr Pflanzen, die zusammen ein stimmiges Bild ergeben. Aber drei oder vier verschiedene Pflanzensorten zu einer perfekten Harmonie zu verbinden, erfordert schon einiges Können. Je mehr Charaktere ins Spiel kommen, desto undurchsichtiger werden die Regeln, und desto schwieriger wird das Zusammenleben der verschiedenen Pflanzenpartner in ein und demselben Beet. Aber kompliziert heißt immer auch interessant – und bei den Dreier- und Vierererkisten wird das Gärtnern erst richtig spannend!

Mit Farben komponieren

Selbstbewusst tanzen die weißen Schwertlilien vor dem zarten Teppich aus kleineren, rosaroten Rosenblüten (*Rosa pimpinellifolia* 'Burnet Double Pink'), während die himbeerroten Lupinen sich daneben in einem aufrechten Grüppchen zusammenscharen. Arbeitet man Ton in Ton, ist es stets einfacher, grobe Konflikte zu vermeiden. Darum sind Rabatten in Rosa und Weiß so beliebt. Diese

DIE BESTEN DREIER-KOMBIS

- Englische Rosen (zum Beispiel 'Heritage' oder 'Evelyn'), Lilien *(Lilium regale* oder *Lilium candidum)* und Lavendel zaubern einen duftenden, romantischen Blütentraum ins Beet. Obwohl diese Kombination wirklich edel aussieht, sind alle drei recht pflegeleicht.
- Ein kühles, elegantes Bild bieten blauer Rittersporn, Schneewittchen-Rose und Türkenmohn (*Papaver orientalis* 'Patty's Plum'). Rittersporn und Türkenmohn brauchen Stützen, damit sie auch ein Gewitter überstehen.
- Im Halbschatten kommen weiße Fingerhüte *(Digitalis)*, Funkien (zum Beispiel *Hosta* 'Halycon' mit ihren bläulichen Blättern) und blauer Lerchensporn *(Coridalys flexuosa)* schön zur Geltung.

zarten Farben erlauben viele Kombinationsmöglichkeiten. Wenn man noch eine Spur Rot, Blau oder Violett hinzugibt, lassen sich ausgesprochen schöne Gartenbilder schaffen. Und auch wenn ein Trio oder ein Quartett vielleicht einmal nicht zu hundert Prozent miteinander harmoniert, sehen diese Kombinationen doch selten wirklich störend aus.

Oben: Harmonische Quartette lassen sich mit vier Farbtönen derselben Pflanzensorte gestalten. Besonders schön passen diese vier verschiedenen Nuancen des Rittersporns *(Delphinium)* zusammen.

Unten links: Die drei Stimmungsmacher *Antirrhinum jajus, Calendula officinalis* und *Anthemis tinctoria* treiben es im Sommerbeet besonders bunt.

Unten rechts: Schwertlilien, Lupinen und die Rose 'Burnet Double Pink' bilden ein harmonisches Trio, das vom Storchenschnabel im Vordergrund begleitet wird.

Kontrastierende Blütenformen

Um ganz auf Nummer sicher zu gehen, kann man auch vier Farben derselben Blumensorte kombinieren. Dabei sollte eigentlich nichts schief gehen. Ganz zauberhaft sieht eine Rabatte aus verschiedenenfarbigem Rittersporn *(Delphinium)* aus. Harmonische Beete mit vier verschiedenen Farben derselben Blumensorte lassen sich auch mit Lupinen oder Schwertlilien gestalten.

Bei weniger dominanten Blüten mit einer nicht so klar umrissenen Form wie beispielsweise Löwenmäulchen *(Antirrhinum)* oder Zinnien ist eine Kombination aus vier Farben etwas heikler. Diese vergesellschaftet man besser mit anderen Pflanzen mit dominantem Laub oder solchen, die eine ganz andere Blütenform und Wuchshöhe aufweisen. So passen die runden Blüten der Ringelblumen gut zu dunklen Löwenmäulchen. Auch kleine runde Blüten wie die von Margeriten, Färberkamille *(Anthemis tinctoria)* oder Mutterkraut *(Tanacetum)* betonen die langgezogene Form der Löwenmäulchen.

Gutmütige Stauden

Blumen- und Staudenbeete haben den Ruf, dass sie schwierig und aufwändig in der Gestaltung sind und viel Arbeit machen. Das stimmt teilweise – natürlich ist es einfacher, den Garten mit Kies zuzuschütten und ihn japanisch zu nennen, oder eine langweilige Rasenfläche anzulegen. Manche Gartenbesitzer weichen auf blühende Sträucher aus. Aber auch diese wollen regelmäßig zurückgeschnitten werden. Und dann wohin mit den Ästen? Und spätestens im Herbst will das Laub aufgerecht werden. Viel mehr Arbeit macht ein Staudenbeet aus gut gewählten, pflegeleichten Sorten auch nicht. Es gibt sogar eine ganze Reihe von Stauden, die im Charakter ausgesprochen gutmütig und dem arbeitsscheuen Gartenbesitzer wohlgesonnen sind.

Pflegeleichte Schafgarben

Zu den besonders lange blühenden und pflegeleichten Stauden gehören Schafgarben *(Achillea)*, Rudbeckien *(Rudbeckia)*, Astern *(Aster x frikartii)*, Brandkraut *(Phlomis)* und natürlich die Euphorbien *(Euphorbia)*. Rudbeckien und Astern geben ein schönes Paar für den Spätsommer und Herbst ab. Auch *Phlomis* in Nachbarschaft zu Astern sehen gut aus. Die Schafgarben lassen sich schön mit Gräsern, aber auch mit anderen Stauden kombinieren. Gelbe und rote Schafgarben zusammen mit Frauenmantel *(Alchemilla)* ergeben ein ausgesprochen pflegeleichtes und fröhlich-munteres Beet. Exklusiver sehen sie aus, wenn man sie mit Montbretien kombiniert, die in einem warmen, sonnigen Beet auch ganz zufrieden gedeihen.

Muntermacher Zierlauch

Zum Aufmuntern von Staudenbeeten ist Zierlauch *(Allium)* immer gut. Er blüht nicht nur lange; seine Blütenkugeln sind auch dann noch dekorativ, wenn sie längst verblüht sind. In sonnigen, trockenen Beeten ist die Strohblume *(Helichrysum italicum)* ein gutmütiger Gast. Die silberlaubige Art *Helichrysum splendidum* ist besonders dekorativ und sieht hervorragend aus in Kombination mit den violetten Blütenkugeln des Zierlauchs.

Auch Storchenschnabel ist von seiner Art her ausgesprochen gutmütig. Er versteht sich fast mit allen anderen Pflanzen, seien es Stauden, Rosen oder auch Einjährige. Außerdem ist er wuchsfreudig und pflegeleicht. Die eher unscheinbaren Storchenschnabel-Gewächse haben zusammen mit dunkellaubigen Pflanzen einen großen Auftritt. Vor einem schwarzlaubigen Holunder *(Sambucus nigra)* oder einer dunklen Silberkerze (*Cimicifuga simplex* 'Brunette' oder 'James Compton') werden die zarten rosaroten Blüten zu wahren Hinguckern.

Der Sonnenhut *(Echinacea)* ist eine weitere gutmütige, fröhliche Staude, die in einem sonnigen Beet ohne allzu viel Zuwendung gedeiht. Ihre margeritenförmigen Blüten passen sowohl zu Gräsern

wie zum gelben Brandkraut *(Phlomis)*, aber auch zu Rudbeckien und Astern. Delikat wirkt *Echinacea purpurea* zusammen mit den lavendelfarbigen Blütenähren der *Perovskia* 'Blue Spire'.

Eine besonders pflegeleichte Staude für sonnige, trockene Standorte ist die Königskerze *(Verbascum)*, von der es hübsche Kultivare gibt. Die österreichische Königskerze *(Verbascum chaixii)* wird nur 90 Zentimeter hoch und mischt sich schön mit großen Margeriten oder weißen Chrysanthemen *(Argyranthemum)*. Es gibt auch eine weiße Form, die ein rotes Auge aufweist. Diese ließe sich schön mit der gelben *Cosmos sulphureus* kombinieren. Die Wildform der Königskerze *(Verbascum olympicum)* wird hingegen bis zu zwei Meter hoch! Allenfalls würde sie zusammen mit Feuerbohnen ein ganz witziges Bild abgeben. Kleinere *Verbascum*-Arten wie *Verbascum thapsus* passen zu Kamille oder Mutterkraut sowie zu Ringelblumen.

Genügsame Fetthennen

Im wahrsten Sinne des Wortes guten Mutes sind Sonnenblumen. Man sät sie im Frühling aus und passt auf, dass die Schnecken sie nicht gleich fressen. Danach wachsen sie ohne viel Zutun. Sobald sie kniehoch sind, binde ich groß werdende Sorten an Stangen. Ein guter, ebenso liebenswürdiger Partner für Sonnenblumen ist der Zierfenchel, der zartbesaitet aussieht, tatsächlich aber ordentlich hart im Nehmen ist. Bronzefenchel und braune oder orangefarbene Sonnenblumen zusammen sehen smart aus. Äußerst genügsam sind alle *Sedum*-Arten – auch die im Herbst so beliebten Fetthennen. Zu Fetthennen besonders hübsch ist das zarte, aber zähe Argentinische Eisenkraut *(Verbena bonariensis)*, das auch sonst zu allem Möglichen passt und sich leicht selber versamt.

Links: Gutmütiges Duo: Die rosaroten Sterne von *Echinacea purpurea* zusammen mit *Perovskia* 'Blue Spire'.

Mitte: Ein sonniges Duo bilden *Verbascum chaixii* und *Argyranthemum frutescens*.

Rechts: Storchenschnabel passt zu fast allem. Hier *Geranium* x *oxonianum* 'Summer Surprise' mit dem Laub von *Cimifugia Simplex* 'James Compton'.

Der Maler und die Patchworkfamilie

Claude Monet und Alice Hoschédé

Als seine geliebte Frau bei der Geburt ihres zweiten Kindes verstarb, war es Alice Hoschédé, die dem verzweifelten Claude Monet beistand. Alsbald lebten die beiden mit ihren insgesamt acht Kindern zusammen. Die große Familie zog, von ständigen Geldsorgen geplagt, von einem Ort zum anderen und ließ sich schließlich in der Normandie nieder. Als sich die ersten Erfolge einstellten, erwarb Monet ein großes Grundstück in Giverny, welches er schon zuvor gemalt hatte. Gegen Ende des 19. Jahrhunderts verkauften sich die Bilder des Impressionisten so gut, dass er in den Garten investieren und Land dazukaufen konnte. Als Erstes ließ er zwei große Gewächshäuser errichten. Nun hatte er genügend Platz, um neue Sorten auszuprobieren und Pflanzen für seine stets größer werdenden Blumenbeete zu ziehen. „Monet gärtnert wie ein Wilder", hielt ein Freund der Familie in seinem Tagebuch fest. Der Garten war, im Gegensatz zur Malerei, über die der Impressionist nicht reden mochte, ein ständiges Gesprächsthema. Alice nahm, wie alle Familienmitglieder, regen Anteil an der Gartengestaltung. Nach jedem Essen flanierte das Ehepaar die Buchshecken entlang, bewunderte die blühenden Beete, aus denen sich bald Kapuzinerkresse über die Kieswege ergoss und wo die Schwertlilien zu ihrem stolzen Farbenreigen auftanzten. Gemeinsam besprachen sie Änderungen und Verbesserungen. „Wir werden uns über das Gärtnern unterhalten, da doch Kunst und Literatur bloß Mätzchen sind. Was letztlich zählt, ist nur die Erde", schrieb Monet in einem Brief.

Ein buntes Dahlienmeer

Auch Dahlien zähle ich zu den gutmütigen Pflanzen. Da mein Garten in einer eher kühlen Gegend liegt, ziehe ich sie jeweils ab März in großen Töpfen vor. So sind sie nach den Eisheiligen im Mai schon ordentlich herangewachsen und bereit, mit den anderen Sommerblumen gemeinsam zu blühen. Die großblumige, gescheckte Sorte 'Bonesta' mit ihren zartrosa Blüten mit den roten Sprenkeln öffnet sich zusammen mit 'Caribbian Fantasy', die rot, orange und weiß gestreift blüht. Auch 'Mystery Day' mit ihren großen weinroten Blüten und den weißen Spitzchen am Ende der Blütenblätter mag ich. Und natürlich darf die fast schwarze 'Arabian Night' nicht fehlen. Dann ist da noch die kunterbunte Mischung von Kaktusdahlien aus dem Gartenversand, deren fröhliches Farbenfeuerwerk im folgenden Herbst ich nicht missen will.

Eine provisorische Bleibe

Da ich meine Dahlien groß und bunt mag, versuche ich im Prinzip, sie nicht mit zu vielen anderen Blumen zu kombinieren. Gut dazu passen Gräser wie *Miscanthus* oder Seggen *(Carex)*. Doch die mag ich nicht in allen Rabatten pflanzen, weil sie wuchern und sich versamen. Nun habe ich die Dahlien, mangels Platz, für einen Sommer in einem breiten Beet mit drei Schneewittchenrosen untergebracht. Zu ihrer Linken wachsen blaue Rittersporne, zu ihrer Rechten sollten die gelben Steppenkerzen auftauchen – wenn das alles blüht, wird es ein ziemliches Durcheinander geben. Aber wie im Leben, so lässt sich auch im Garten nicht immer alles perfekt arrangieren und vorhersagen. Manchmal ist man einfach froh, wenn es irgendwie geht. Und besser, die Dahlien wachsen erst einmal zwischen den weißen Rosen, als dass sie mir im Schuppen verrotten oder in zu kleinen Töpfen verhungern.

Links: Der Dahlienklassiker 'Bishop of Llandaff' wird von *Salvia guaranitica* 'Blue Enigma' begleitet.

Rechts oben: Dahlie 'Dark Desire' ist eine grazile Schönheit, die gar nicht so heikel ist, wie sie aussieht.

Rechts unten: Die Dahlie 'Fata Morgana' bringt feurige Stimmung ins Spätsommerbeet.

Leicht und luftig – graziöse Alleskönner

In einem Garten, der wie mein Grundstück starken Winden ausgesetzt ist, sind Gräser ein schwieriges Thema, ganz abgesehen von ihrer Wuchs- und Vermehrungsfreudigkeit. Die meiste Zeit wirken sie hier zerzaust und unordentlich. Darum weiche ich lieber auf andere filigrane Pflanzen aus, um meine Beete aufzulockern. Ein Klassiker ist Eisenkraut *(Verbena bonariensis)*. Es versamt sich zwar auch, doch bei ihm drücke ich ein Auge zu. Und wie durch ein Wunder richten sich seine langen dünnen Stiele auch nach den stärksten Windböen wieder auf. Vielleicht liegt das an der Leichtigkeit seiner Blütenköpfchen. Zusammen mit Bartfaden *(Penstemon)* sieht es übrigens ganz besonders filigran und luftig aus! Auch Prachtkerzen *(Gaura lindheimeri)* sind fantastisch zum Kombinieren und einigermaßen sturmfest.

Stark und zart vereint

Gräser und Stauden sind natürlich auch gute Partner. Allerdings sollte man sie nur mit ebenfalls starkwüchsigen Stauden kombinieren. So können sich Rudbeckien, Schafgarben und Fetthennen neben den so zierlich wirkenden, aber meist kräftig wachsenden Gräsern gut behaupten. Auch Zierlauch passt immer schön zu Gräsern.

Oben: Die delikaten Blüten von *E*
lida schweben über den lavendel
von *Perovskia* 'Blue Spire'.

Rechts: Filigrane Blüten bildet *Cr*
'Queen Mary', die sich mit vielerl
liebenden Stauden kombinieren

Oben rechts: Farne mögen, eben
Bärlauch, einen feuchten, halbsc
Standort. Die beiden sind ein ide
decker-Paar unter Bäumen und B

Filigrane Farnpaare

Farne verwende ich meist zur Unterpflanzung von Rhododendrenbeeten, wo ihre filigranen Wedel das glänzende, schwer wirkende Laub der Rhododendren optisch auflockern. Auch im Halbschatten unter Büschen kommen Farne gut zur Geltung. Besonders schön sind sie aber zusammen mit ihresgleichen. Der Wurmfarn *(Dryopteris)* mit seinen mehrfach gefiederten Wedeln, die je nach Sorte bis zu zwei Meter lang werden können, kommt mit großen ausdrucksstarken Blattpflanzen wie beispielsweise Funkien besonders gut zur Geltung. Auch die riemenförmigen, leuchtendgrünen Blätter des Streifenfarns *(Asplenium scolopendrium)* oder des Nestfarns *(Asplenium nidus)* betonen die Fiederung des Wurmfarns.

Zum Unterpflanzen von Farnen eignet sich der Gemeine Bärlauch *(Allium ursinum)*. Allerdings ist hier Vorsicht geboten: Fühlt er sich wohl – und im halbschattigen, feuchten Waldklima zu Füßen größerer Farne fühlt er sich ausgesprochen wohl – dann breitet er sich wie verrückt aus und verdrängt dabei alles andere. Mir gefällt sein saftiger grüner Blätterteppich, auch die kugelförmigen Blüten sind wirklich hübsch.

Zartbesaitete Duos

Ein zartes Duo bilden die Tränenden Herzen *(Dicentra spectabilis)* und das Kaukasus-Vergissmeinnicht *(Brunnera macrophylla)*, wobei die weiße *Dicentra*-Sorte vor dem Vergissmeinnicht besonders schön zur Geltung kommt. Spinnenähnlich filigran wirken auch die süß duftenden Blüten des Sonnenhuts *(Echinacea pallida)*. Zusammen mit *Perovskia* 'Blue Spire' sind sie ein ungewöhnlicher Blickfang. Sie wirken zerbrechlich, als seien sie aus Glas gearbeitet. Aber der zarte Schein trügt: Sowohl *Echinacea* wie *Perovskia* gehören zu den pflegeleichten Gartenstauden und kommen an einem trockenen, sonnigen Standort ohne Probleme allein zurecht.

Übermütige Paare

Die Grundstrukturen stehen fest, alle Pflanzen sind in der Erde, Rosen und Büsche haben ihren Platz gefunden. Die gutmütigen Stauden breiten sich aus, und in den Rabatten grünt und blüht es. Nun werde ich übermütig. Dies ist mein Spielfeld, hier lasse ich meiner Fantasie freien Lauf. Der Garten soll mir am Ende bloß nicht zu brav aussehen! Kontraste müssen her, und ungewöhnliche Hingucker. Über die Pflanzen, die ich den Rabatten nun noch hinzufüge, denke ich lange nach. Schließlich entscheide ich mich für die frühlingsblühende Iris 'J. S. Dijt', vorwitzig wird sie ihre violetten Köpfe aus dem schwarzen Schlangenbartgras (*Ophiopogon planiscapus* 'Nigrescens') recken. Feuerbohnen sollen sich keck an den Topinamburpflanzen hochwinden. Und unter den Dahlien soll sich ein farblich kontrastierendes Petunien-Farbenmeer ergießen. Im Spätsommer streckt dann der Rizinus seine dunklen Riesenfinger nach den roten Rosen.

Besonders anspruchsvoll sind Kombinationen aus schwarzen und weißen Blüten. Weiß kann bei Tageslicht zu grell wirken, Schwarz hingegen verliert sich leicht mangels Kontrast zum Erdreich. Wenn es aber gelingt, die beiden Extreme zu vermählen, entstehen spannungsreiche Paare, die Aufsehen erregen.

So ragen die weißen Thalia-Tulpen nicht unbemerkt aus dem schwarzlaubigen Teppich der Purpurglöckchen (*Heuchera micrantha* var. *diversifolia* 'Palace Purple'). Grell und aufmüpfig wirkt die Kombination aus magentafarbenem Goldlack *(Cheiranthus)* und der Wolfsmilch *(Euphorbia polychroma)*. Und den schwarzen Schlafmohn *(Papaver somniferum)* 'Black Peony' säe ich vor die weißen Fingerhüte; in dieser Kombination sind beide garantiert nicht zu übersehen.

Unten links: Grell und frech kommt das Duo aus *Euphorbia polychroma* und dem magentafarbenen Goldlack *(Cheiranthus)* daher.

Unten rechts: Ein ungwöhnlicher Hingucker ist *Echinacea paradoxa*, hier mit den Blütenähren der *Salvia* x *sylvestris* 'Mainacht'.

Rechts: Kontrastreiches Paar: *Papaver somniferum* 'Black Peony' mit weißen Fingerhüten *(Digitalis)*.

Das Kraftweib und der Komponist

George Sand und Frédéric Chopin

Manche Pflanzen scheinen ganz von selber zu wachsen und sich in jeder Gartensituation zu behaupten. Andere hegt und pflegt man, und sie bleiben dennoch schwächlich. So muss man sich um den Ziertabak keine Sorgen machen, er sprießt munter und voller Selbstvertrauen und erfüllt die lauen Nächte mit seinem Parfüm, derweil der Trichterschwertel, so sehr man ihn auch hegt und pflegt, in seiner ganzen zarten Schönheit einen äußerst fragilen Eindruck hinterlässt. Auch bei uns Menschen sind es oft gerade die talentiertesten, die kränkeln. Und je mehr sie sich schonen, desto mehr verschlimmert sich ihr Befinden. Der polnische Klavierkomponist Frédéric Chopin (1810–1849) war so ein Fall. Zeitlebens litt er an Tuberkulose. Als er mit der französischen Schriftstellerin George Sand (1804–1876) nach Mallorca zog, erhoffte er sich von dem milden Klima eine Besserung. Im verregneten Inselwinter holte er sich jedoch eine böse Lungenentzündung, Halluzinationen plagten ihn. Seine emanzipierte Geliebte, die Zigarren rauchte und gerne Männerkleider trug, erfreute sich dagegen stets bester Gesundheit.

Zum Tanz auffordern

Das Ammikraut *(Ammi majus)* mit seinen großen, luftig-leichten Blüten lädt geradezu ein zu Spielereien. Vor den rosaroten Blüten der Stockrosen *(Alcea rosea)* oder Malven *(Lavatera)* tanzen seine Dolden im lauen Sommerwind. Wer sich hinter ihnen versteckt, bleibt dennoch sichtbar.

Wie die blau angelaufenen Nasen lustiger Zwerge recken sich die Blütenrispen des Schmetterlingsstrauchs *(Buddleja davidii)* aus dem Gebüsch – als wollten sie Witterung aufnehmen und schauen, wer mit ihnen spielt. Die Perovskie, die neben ihnen gedeiht, lässt sich nicht zweimal bitten. Was die beiden einander wohl zuflüstern?

Ballerinas und funkelnde Sterne

Tränende Herzen spielen vor dem strengen, dunkelgrünen Laub der Rhododendren Ringelreigen, und sowie die Herzchen sich unten öffnen und zu Röckchen bauschen, wirken die Tränchen im Halbschatten wie die Beine einer Ballerina. Auch der Zier-

tabak *(Nicotiana sylvestris)* macht sich gut vor einer Kulisse aus immergrünen Büschen. Da leuchtet er mit seinen trompetenförmigen Blütenröhren aus dem Halbdunkel, und die fünf abstehenden Zipfel funkeln wie verheißungsvolle Sterne. Außerdem verströmt Ziertabak abends einen so betörenden Duft, dass einem ganz leicht ums Herz wird.

Oben: Ammikraut *(Ammi majus)* ist ein leichtfüßiger Partner für pastellfarbene Beete. Vor der Malve (*Lavatera* 'Brendon Springs') kommt es besonders schön zur Geltung.

Links: Der Schmetterlingsstrauch *(Buddleia davidii)* reckt seine Blütenrispen vorwitzig in den Wind, als wolle er die Falter zum Spielen einladen.

Eine der verspieltesten Pflanzen, die ich kenne, ist Trichterschwertel *(Dierama pulcherrimum)*. Die zartbesaiteten Stauden wachsen aus Rhizomknollen, sind jedoch nur bedingt frosthart. Kein Wunder, stammen sie doch aus dem tropischen Afrika und aus Südafrika.

Angelruten der Engel

Wer ein Gewächshaus hat, kann die Rhizome wie Dahlien kultivieren und sie im Sommer im Garten auspflanzen. Trichterschwertel sind ein solcher Hingucker, dass sich die Mühe allemal lohnt. Wenn sich die über einen Meter langen Ähren erst einmal unter dem Gewicht der magentaroten Glöckchen biegen, dann schlägt jedes Gärtnerherz höher. Und die Glöckchen stehen dicht an dicht, so als wollten sie die nächste Runde eines Spiels einläuten oder gar als Köder bunte Schmetterlinge und andere Insekten zum Anbeißen verlocken. Auf Englisch heißen die Trichterschwertel übrigens „Angel's Fishing Rods", die Angelruten der Engel.

Gepolsterte Weggefährten

Links: *Ophiopogon planiscapus* 'Nigrescens' und *Stachys byzantina* bieten einen ungewöhnlichen Blickpunkt am Beetrand.

Rechts: Schön bunte Einfassungen für große Staudenbeete lassen sich mit Polsterpflanzen gestalten. Dazu passen Traubenhyazinthen *(Muscari).*

Neben den üblichen und allgegenwärtigen Weggefährten wie Frauenmantel *(Alchemilla mollis)* und Storchenschnabel *(Geranium)*, Katzenminze *(Nepeta)* und Lavendel *(Lavandula)* oder der Wegfassung mit Buchs gibt es auch originellere Lösungen für Wegränder und Übergänge zu Blumenbeeten. In meinem Seegärtchen in Twann hatte ich buntblättrigen Salbei und dunkle Purpurglöckchen *(Heuchera)* entlang der Wege gepflanzt. Zunächst eigentlich nur deswegen, weil ich sie in einer günstigen Herbstaktion im Sechserpack ergattert hatte. Aber dann gefielen sie mir so gut, dass ich sie auch den folgenden Sommer über behielt.

Küchenkräuter auf der Beetkante

Ein anderes interessantes Paar für Einfassungen bilden Bergenien und Blauschwingel *(Festuca glauca).* Die ledrigen, elefantenohrenartigen Blätter der Bergenien kontrastieren schön mit den niedrigen Grasbüscheln und sorgen für Spannung. Ein witziges Wegbegleiterpaar sind außerdem gelbe Seggen (*Carex* 'Bowles' Golden') zusammen mit Schafgarbe *(Achillea millefolium).*
Eine hervorragend geeignete Einfassung für Frühlingsbeete ist die Wolfsmilch *(Euphorbia polychroma).* Besonders zu orangefarbenen und roten Tulpen bildet sie einen ausgezeichneten Kontrast, und, wenn auch farblich fast identisch mit dem oft verwendeten Frauenmantel *(Alchemilla mollis)*, so ist sie doch wesentlich origineller als dieser. Zugleich schön wie auch praktisch sind niedrig wachsende Küchenkräuter am Rand von Blumenbeeten. Dafür kommen Schnittlauch, Petersilie, Thymian, Melisse oder goldener Majoran infrage.

Duftende Wegbegleiter

Viele der meist für Steinmauern verwendeten Polsterpflanzen eignen sich ebenfalls, um Wege zu säumen und Staudenrabatten einzufassen. Besonders leicht fügen sich die weißen Sorten wie beispielsweise Gänsekresse *(Arabis)* ein. Für blaue, violette und rosarote Borten ist das Blaukissen *(Aubrieta)* ein guter Kandidat. Nicht missen möchte ich auch die Steinkräutchen *(Alyssum maritimum)* mit ihren weißen bis rosaroten Blütentrauben, die so bescheiden aussehen, aber herrlich duften. Genau richtig, um sie vor ein Rosenbeet zu pflanzen.

Auch einige Steinbrech-Arten *(Saxifraga)* eignen sich als Weggefährten für Blumenbeete. Insbesondere *Saxifraga* x *geum* mit seinen langen Blütenstielen ist ein hübscher Vordergrund für einjährige Blumen oder Staudenbeete. Ebenfalls schöne Einfassungen lassen sich aus den einjährigen blauen oder weißen Lobelien *(Lobelia erinus)* pflanzen, die man als niedrigen Sommerflor im Handel findet.

BÜHNE FREI FÜR DIE DIVEN

Rosen und ihre Begleiter

Rosen sind eine der facettenreichsten Pflanzengattungen überhaupt. Hier gibt es die unterschiedlichsten Wesensarten – von Gutmütigen wie beispielsweise 'New Dawn' oder 'Schneewittchen' über Widerspenstige, man denke nur an die Stacheldrahtrose *(Rosa sericea pteracantha)*, über unzählige englische und französische Romantiker bis hin zu sonnigen Gemütern wie 'Sutters Gold' oder 'Golden Celebration'.

Die Blaublütigen

Bei den Rosen gibt sich der Hochadel die Türklinke in die Hand, kaum eine andere Pflanzengattung zählt so viele blaublütige Vertreter. Man denke nur an die klassische rosarote 'Queen Elizabeth' oder an 'Lady Diana', 'Queen Anne', 'Queen Mary', 'Queen Victoria', 'Mountbatten' oder die berühmte 'Königin von Dänemark' mit ihren zart rosarot angehauchten Albablüten und ihrem bläulichen Laub. Die ganze Geschichte des europäischen Adels spiegelt sich in der Welt der Rosenzüchtungen.

Hochadel und Hofstaat

Und dann gibt es natürlich noch Sorten mit adligen Namen wie 'Royal Highness' oder 'Royal Occasion'. Und erst all diejenigen, die nach Schlössern und Landsitzen benannt sind: 'Sissinghurst Castle', 'Warwick Castle' oder 'Stirling Castle' – um nur einige zu nennen. 'Schloss Heidegg', eine rosarote Meilland-Züchtung mit ADR-Gütesiegel, ist nach der barocken Rosenanlage am gleichnamigen Schloss in Gelfingen bei Luzern benannt. Auch 'Schloss Mannheim' von Kordes ist eine ADR-Rose. Oder wie wäre es mit 'Dornröschenschloss Sababurg'? Und ‚last not least' natürlich Meillands legendäre 'Schloss Ippenburg'.

Ebenbürtige adlige Begleitpflanzen finden sich vor allem bei den Clematis, zum Beispiel die Sorte 'Queen Alexandra', aber auch bei den Fuchsien, von denen zahlreiche Sorten ebenfalls nach Königinnen benannt sind.

Rechts: Hier heißt es auf Nummer sicher kombinieren. Weiße und rosarote Rosen passen einfach immer zusammen.

Unten: Die Rosa Mundi (*Rosa gallica* 'Versicolor') ist eine besonders geschichtsträchtige alte Sorte. Shakespeare hat ihr sogar ein eigenes Sonnett gewidmet.

ROSIGE TRAUMPAARE

- 'Abraham Darby': eine beliebte Englische Rose mit apricotfarbenen Blüten, vor dem kleinblütigen, nach Äpfeln duftenden Rambler 'Veilchenblau'.
- Ambridge Rose: ein zuverlässiger Dauerblüher mit apricotfarbenen, duftenden Blüten, zusammen mit der ebenfalls von David Austin gezüchteten, dunkelroten 'Chianti'.
- Rosa Mundi *(Rosa gallica versicolor)* lässt sich gut mit der dunkelvioletten 'Souvenir du Dr. Jamain' kombinieren.
- Die Alte Rose 'Constance Spry' mit ihren riesigen Blüten sieht gut aus neben der kleinblütigen, magentaroten 'Rose de Resht'.
- Die sehr großen goldgelben Blüten von 'Golden Celebration' werden zusammen mit 'Scharlachglut' zu einem Aufsehen erregenden Duo. Die goldenen Staubfäden der roten 'Scharlachglut' nehmen die Farbe der englischen Duftrose auf.
- Die Edelrose 'Papa Meilland' bildet zusammen mit 'Polarstern' ein klassisches rot-weißes Paar.
- Die 'Eden Rose' kommt zusammen mit dem rosaroten Austin-Klassiker 'Mary Rose' gut zur Geltung.
- 'Schneewittchen' und 'Graham Thomas' sind ein modernes Paar mit altmodischem Charme.
- 'Débutante' und 'Bleu Magenta' ranken zusammen schön an Bögen.
- Die porzellanweiße 'New Dawn' klettert gerne zusammen mit der kirschroten 'Zephirine Drouhin'.

Robuste und pflegeleichte Rosen

Zum Thema „robuste und pflegeleichte Rosen“ muss man grundsätzlich sagen: Rosen sind nur dann pflegeleicht, wenn ihnen der Standort behagt und wenn sie sorgfältig gepflanzt wurden. Dann genügen ihnen einige – aber die richtigen! – Pflegemaßnahmen. Viele Sorten kommen so gut und ohne allzu viel Aufwand zurecht. Rosen brauchen einen offenen Standort, an dem die Luft frei zirkulieren kann. Frischer Wind lässt das Laub gut abtrocknen und hilft so Mehltau vorzubeugen. Außerdem wollen sie mindestens die Hälfte des Tages über in der Sonne stehen. Ganz wichtig: Der Boden muss tiefgründig und locker sein. Dort, wo man in neu angelegten Gärten später Rosen pflanzen will, darf man keinesfalls mit schweren Baumaschinen fahren. Verdichteter Boden und Staunässe bringen nämlich die beste Rose ins Grab. Ein weiteres Problem kann rosenmüder Boden sein. Dort, wo längere Zeit Rosen gewachsen sind, muss erst die Erde ersetzt werden, bevor man neue Stöcke pflanzt. Am besten tauscht man sie mit Erde aus dem Gemüsegarten aus. Auch Maulwurfshügel enthalten für Rosen ideal geeignete, ausgewogene und lockere Erde. Kompost hingegen wäre zu schwer.

Die wichtigsten Pflegemaßnahmen sind: schneiden, düngen und den Boden lockern. Besonders Letzteres wird oft vernachlässigt. Dabei sollte der Boden um die Rose zwei- bis dreimal im Jahr mit einer zweizinkigen Rosengabel gelockert werden. Das ist zwar etwas anstrengend, dafür aber eine der effektivsten Pflegemaßnahmen. Durch das Lockern gelangt zum einen Sauerstoff in den Boden, zum anderen werden dabei stets einige Wurzeln verletzt. Die Verletzungen regen die Bildung eines Wachstumshormons an, was dazu führt, dass die Rosenstöcke neue Wurzeln und kräftige Triebe bilden und sich von unten her verjüngen.

Krankheiten vorbeugen

Eine weitere, sehr effektive Pflegemaßnahme ist es, im Herbst alles von Krankheiten befallene Laub akribisch zu entfernen. Auch eine dicke Mulchschicht verhindert, dass sich die Pilzsporen weiter ausbreiten. Rasenschnitt ist dafür aber ungeeignet, da er bei Regen verklebt und dann kein Sauerstoff mehr in den Boden gelangt. Ich verwende zum Mulchen der Rosen strohigen Mist, denn darunter bleibt der Boden schön luftig. Und das Schöne bei den Rosen ist ja, dass sie wirklich gut auf die Pflege reagieren. Wenn man nicht allzu viel falsch macht, stehen die Chancen, im nächsten Jahr gesunde Rosen zu haben, sehr gut.

Friedfertige Rosen

Nahezu dornenfrei und somit besonders friedfertig ist die kirschrote Kletterrose 'Zephirine Drouhin'. Sie lässt sich schön mit der dunkelvioletten, beinahe schwarz wirkenden 'Souvenir du Dr. Jamain' kombinieren, die ebenfalls kaum Dornen aufweist. Die langen Triebe von 'Ghislaine de Feligonde', dem kleinblütigen Kletterer, dessen zartgelbe Blüten mit der Zeit ins Apricot wechseln, sind ebenfalls kaum bedornt. Nahezu dornenlos sind auch 'Maiden's Blush', 'Blush Noisette', 'Yellow Cecile Brunner' und die einmalblühende Zentifoliarose 'Fantin Latour'. Von David Austins Züchtungen sind diesbezüglich 'Graham Thomas' und 'Brother Cadfael' besonders friedfertig. Eine der schönsten dornenfreien Rosen ist aber 'Mrs John Laing', eine rosarote remontierende Sorte, die außerdem hervorragend duftet.

TIPPS ZUM ROSENSCHNITT

- Rosen schneidet man grundsätzlich dann, wenn die Forsythien blühen.
- Einmal blühende Kletterrosen: Verblühte Triebe wegschneiden, neue Triebe aber nicht einkürzen, denn daran bilden sich die Blüten für das nächste Jahr.
- Mehrmals blühende Kletterrosen: Triebe um ein Drittel einkürzen.
- Mehrmals blühende Beetrosen, Edelrosen und Hochstämmchen: Im Frühling stark zurückschneiden.
- Einmal blühende Strauchrosen: Nur alte Triebe entfernen.
- Öfter blühende Strauchrosen: Alle paar Jahre wenn nötig auslichten und einen Teil der Triebe ganz herausschneiden.
- Größere Strauchrosen im Winter zusammenbinden, damit der Schnee die Äste nicht auseinanderdrückt.
- Sommerschnitt bei Floribunda- und Polyantharosen: Nur Verblühtes wegschneiden.
- Sommerschnitt bei Edelrosen: Von der Blüte aus gesehen auf das nächste kräftige Auge zurücknehmen.

Dann gibt es noch die ausgesprochen Robusten, die aber ehrlich gesagt nicht gerade die schönsten aller Rosen sind und meist auch ohne Duft auskommen müssen. Zumindest von Weitem ganz schön anzusehen sind die wirklich robusten Sorten 'Lavender Dream', auch 'Heidetraum' und, etwas höher wachsend, 'Bonica 82'. Ein guter weißer Bodendecker ist die neuere Züchtung 'Diamant'.

Links: Ein sympathischer Zaungast ist die dornenfreie 'Zéphirine Drouhin'. Sie lässt sich schön mit blauen oder violetten Clematis kombinieren.

Oben rechts: 'Mme Isaac Pereire' gehört zu den alten Bourbonrosen, die recht gesund und pflegeleicht sind.

Unten rechts: Die einmal blühende 'Fantin Latour' muss kaum geschnitten werden. Sie wächst zu einem zwei Meter hohen Busch heran.

Krieger und Sammlerin

Kaiserin Josephine und Napoleon

Während Napoleon sich in diversen Schlachten tummelte und sein ganzes Vermögen in die Armee investierte, zog seine erste Frau es vor, zu Hause zu bleiben und Rosen zu sammeln. Wie es sich für eine richtige Pflanzensammlerin gehört, scheute Kaiserin Josephine keine Kosten und keine Mühe, um neue Sorten für den Schlossgarten von Malmaison aufzutreiben; es war ihr völlig egal, dass sie sich dafür bis über beide Ohren verschuldete. Schließlich konnte man von ihrem Ehemann auch nicht gerade sagen, dass er vernünftig handelte. Und so sammelte sie, während er ein Land nach dem anderen eroberte, eben Rosen. Darin war sie ihrem Ehemann in puncto Ehrgeiz und Erfolg gewiss ebenbürtig. Der rosenverrückten Kaiserin gelang es sogar, die Blockade während des Englisch-Französischen Kriegs zu umgehen, um Rosenstöcke, Stecklinge und Samen aus England und Irland zu importieren. Zu guter Letzt wuchsen im Garten von Schloss Malmaison über 250 verschieden Rosensorten. Nach dem Tod von Josephine verwilderte ihr Garten. Lediglich die bis heute beliebte Züchtung 'Souvenir de la Malmaison' erinnert noch an die vergangene Pracht. Die alte Gallicarose 'L'Impératrice Joséphine' sieht man hingegen weniger häufig. Viele der von Josephine gesammelten Sorten sind nur noch auf den legendären Farbstichen des berühmten Rosenmalers Pierre-Joseph Redouté erhalten.

Edle Kombinationen

Was gibt es Schöneres, als nach Herzenslust aus der Vielfalt der Rosen auszuwählen und diese miteinander zu kombinieren? Natürlich spielt hierbei die Farbe eine entscheidende Rolle. Zart wirkt beispielsweise die rosarote 'Bonica 82' neben der weißen Edelrose 'Pascali'. Eine noch attraktivere gefüllte und ebenso blühfreudige Form von 'Bonica 82' ist 'Royal Bonica'.

Die harmonische weiße 'Schneewittchen' ist wohl diejenige Rose, die sich am besten mit allen anderen kombinieren lässt. Sie passt eigentlich zu allen rosaroten und roten Sorten. Besonders schön wird ihre schlichte Blütenform durch die üppigen Blüten der rosaroten 'Mary Rose' ergänzt. Auch die violette 'Mainzer Fasnacht' bringt sie schön zur Geltung. Sie passt aber auch zu gelben und apricotfarbenen Sorten, wie beispielsweise 'Lichtkönigin Lucia'.

Mut zur Farbe

Wer Farbe in seine Rosenbeete bringen mag, der kombiniere rote mit gelben Sorten. Beliebte Duos bilden die roten Edelrosen 'Ingrid Bergman' oder 'Papa Meilland' mit dem gelben Duftwunder 'Sutters Gold'. Ein besonders sonniges Paar sind die gelbe 'Amber Queen' mit der rostroten 'America'.

Auch bei Alten Rosensorten lassen sich durch geschicktes Kombinieren farblich spannende Kontraste bilden: Die stark gefüllte, porzellanfarbene 'Fantin Latour' zusammen mit der rosaroten Gallicarose 'L'Impératrice Joséphine' wirkt beispielsweise sehr romantisch. Die gestreifte Apothekerrose 'Rosa Mundi' kommt neben der weinroten 'Tuscany Superb' noch besser zur Geltung. Die beiden werden etwa gleich hoch und blühen auch zur selben Zeit. Die dunklen Blüten von 'Tuscany Superb' bringen auch die zarten rosa und weißen Streifen der *Rosa gallica officinalis* zum Leuchten. Die Bourbonrose 'Prinz Charles' kombiniert sich dagegen sehr harmonisch mit der hellrosaroten Damaskrose 'La Ville de Bruxelles'.

Rechts: Rosen mit größeren Blüten (hier die rosarote 'Alexandre Girault') kommen in Kombination mit kleinblütigen Sorten wie 'Paul's Himalayan Musk' und 'Ghislaine de Féligonde' gut zur Geltung.

Große Blüten und kleine Blüten

Romantische Rosen wie beispielsweise 'Mme Isaac Pereire', 'Evelyn' oder die Eden-Rose mit großen, gefüllten Blüten kommen zusammen mit kleinblütigen Wildrosen besonders gut zur Geltung. Das gilt auch besonders für Blumensträuße. Ein zauberhaftes Duo sind diesbezüglich die zarte, apfelblütenartige 'Ballerina' vor der kräftig roten Rugosarose 'Red Grootendorst'.

Lebhafte Spannung

Die purpurviolette 'Charles de Mills' kommt dagegen vor der eher blassen 'Seagull' gut zum Tragen. Neben dem kräftigen Farbkontrast entsteht eine lebhafte Spannung zwischen den kleinen und den großen gefüllten Blüten. Überhaupt lässt sich die Ramblerrose 'Seagull' mit Blick auf Kontrast und Blütenzeit bestens mit großblütigen Bourbonrosen kombinieren. Die kletternde Bourbonrose 'R. Blairii Number Two' ist dafür ein gutes Beispiel. Die Üppigkeit der hundertblättrigen Centifolia-Rose wird betont, wenn man sie mit der kleinen, schlichten *Rosa rubiginosa* kombiniert. 'Sander's White Rambler' wirkt noch schöner, wenn davor eine 'Rosa Mundi' wächst. Sie blühen gleichzeitig, und durch die unterschiedliche Größe der Blüten entsteht ein zauberhaftes Bild. 'Constance Spry', die etwas früher blüht als die meisten großblütigen Kletterrosen, passt mit ihren üppig gefüllten Blüten gut zu der kleinblütigen weißen 'Rambling Rector'. Man darf sie allerdings nur leicht zurückschneiden, sonst blüht sie zu spät. Derselbe Effekt in Gelb und Weiß lässt sich mit 'Graham Thomas' und 'Rambling Rector' erzielen.

Geschwisterpaare: Mutationen und Sports

Von vielen Rosensorten gibt es Mutationen, sogenannte Sports. Sie unterscheiden sich allein in der Farbe von der ursprünglichen Pflanze. Einmal wuchs in meinem Garten eine 'Queen Elizabeth', die an einem einzigen Strauch sowohl weiße wie auch rosarote Blüten trug – ein unglaublicher Blickfang. Auch nebeneinander gepflanzt sehen diese „Geschwister" besonders harmonisch und bezaubernd aus, so die rosarote, ursprüngliche Königin und ihre weiße Form 'White Queen Elizabeth'. Nicht genau identisch, da bloß ein Sämling der ursprünglichen 'Queen Elizabeth', ist 'Scarlet Queen Elizabeth', die rote Form der beliebten Grandiflora-Rose. Identisch mit der Original-Sorte ist hingegen die gelbe 'Yellow Queen Elizabeth', die man aber nicht so häufig zu sehen bekommt.

Zauberhaftes Erröten

Ein schönes Geschwisterpaar sind auch die silberrosarote Rugosarose 'Conrad Ferdinand Meyer' und ihr weißer Sport 'Nova Zembla'. Beide bindet man am besten waagrecht auf, damit die Triebe auf der ganzen Länge Blüten bilden. Beide duften süß und intensiv. Ebenfalls von zartem Rosa und Weiß treten die englische Sorte 'Mary Rose' und ihre weiße Form 'Winchester Cathedral' auf. Sie gehören zu den ersten und den letzten Rosen, die im Garten blühen. 'Winchester Cathedral' schlägt leicht zurück, was zu einem zauberhaften Erröten der weißen Blüten führt. Auch von 'Quatre Saisons' gibt es einen weißen Sport, der außerdem noch bemoost ist: 'Quatre Saisons Blanc Mousseux'. Von 'Cécile Brunner', 'Dorothy Perkins' und der 'Duchesse de Brabant' existieren ebenfalls schöne weiße Sports. So sind es meist die rosaroten Sorten, die dann weiße Mutationen hervorbringen. Umgekehrt verhält es sich dagegen bei 'Marguerite Hilling', die eine rosarote Zufallsmutation der weißen 'Nevada' ist. Beide sind extrem frosthart.

Eine interessante pastellfarbene Kombination bietet die apricotrosafarbene Romantica-Rose 'Colette' von Meilland zusammen mit ihrer zartgelben Mutation 'Yellow Romantica'. Beide haben sie schön gefüllte, schalenförmige Blüten mit hervorragendem Duft.

Links: Die weiße 'Nevada' ist eine Zufallsmutation der rosaroten 'Marguerite Hilling'. Zusammen sind die beiden Geschwister unschlagbar.

Rechts: Von der beliebten 'Mary Rose' gibt es einen weissen Sport namens 'Winchester Cathedral', der leicht ins Rosarote zurückschlägt, und sich bestens mit der 'Mary Rose' kombinieren lässt.

Rosen und ihre Begleiter

Rosen lassen sich hervorragend mit Sommerblumen, Stauden oder Polsterpflanzen vergesellschaften. Aber sie schätzen es nicht, wenn ihnen der Hofstaat zu nahe auf den Leib rückt. Am liebsten mögen sie Kavaliere, die auf Distanz bleiben und nicht zu kräftige Wurzeln bilden. Bloß keine Konkurrenz den Rosen, schließlich sind sie die Königinnen der Blumen.

Die Voraussetzungen schaffen

Rosen brauchen offenen Boden, den man regelmäßig lockern und im Herbst anhäufeln muss. Außerdem muss man sie gezielt düngen können. Auch sollte der Zugang nicht zu schwierig sein, sodass man sie gut schneiden und in kalten Lagen im Winter auch abdecken kann. Ich pflanze daher die Begleiter – wenn immer möglich – mit einem halben Meter Abstand zu den Rosen.

Niedere Polsterpflanzen sowie Zwiebelblumen gehören sowieso vor, und nicht in das Rosenbeet. Das welkende Laub von Tulpen, Narzissen und Co. bildet nämlich eine prima Brutstätte für Rosenpilze! Eine originelle Kombination für den Vordergrund eines gelben oder weißen Rosenbeets sind Frauenmantel *(Alchemilla mollis)* zusammen mit der Segge 'Bowles Golden'. In diese Kombination lassen sich auch noch kleinere gelbe Narzissen einfügen. Für Rosenbeete in Rosa- und Blautönen bilden das schwarze Schlangenbartgras (*Ophiopogon planiscapus* 'Nigrescens') und der Wollziest *(Stachys byzantina)* einen exquisiten Abschluss.

Oben: Bartfaden passt mit seinen zarten Blütenglöckchen gut zu nostalgischen Rosen. Hier begleitet *Penstemon* 'Port Wine' die Rose 'Céleste'.

Unten links: Ein klassisches Traumpaar bilden große, gefüllte Rosen, hier die Sorte 'Ispahan', und Fingerhut *(Digitalis)*.

Unten rechts: Gestreifte Rosen kommen vor einer hellgrünen Bepflanzung besonders schön zur Geltung. Hier blüht eine Rosa Mundi zusammen mit goldenem Majoran.

Strauch- und Beetrosen mit Stauden

Bei den Rosen fehlen die Blautöne völlig. Darum ist es sinnvoll, blau blühende Stauden als Begleitpflanzen zu wählen. Klassische Rosenbegleitpflanzen sind Rittersporn, Eisenhut, Glockenblumen und Astern. Im Vordergrund kommen auch blaublättrige Funkien oder das Blauschwingelgras gut zur Geltung. Bei den Funkien muss man aber unbedingt auf genügend Abstand zu den Rosen achten, da die dornigen Zweige sonst Löcher in die großen Blätter reißen. Einen harmonischen Rahmen für den Vordergrund eines Rosenbeets bilden auch die blauen Klassiker wie Katzenminze, Salbei, Hyssop und natürlich Lavendel.

Rosenkavaliere auf Distanz

Wer statt Blau lieber Gelb mag, wähle Frauenmantel oder gelben Majoran für den Abschluss des Rosenbeets. Buntlaubige Zitronenmelisse eignet sich als eine etwas höhere Randbepflanzung für Beete mit gelb blühenden Rosen. Zu zartgelben Sorten wie beispielsweise 'Arthur Bell' ist der Gilbweiderich *(Lysimachia punctata)* ein schöner Begleiter. Auch Englische Rosen schätzen es nicht, wenn andere Pflanzen ihnen zu sehr auf den Leib rücken. Von nicht zu starkwüchsigen Stauden wie Lavendel, Katzenminze, Bartfaden, Phlox und Frauenmantel lassen sie sich aber gerne umschmeicheln.

Insbesondere Katzenminze (*Nepeta* 'Six Hills Giant') ist ein Klassiker in Verbindung mit Englischen Rosen. Sie blüht länger als Lavendel und kommt auch in nicht so sonnigen Gärten zurecht. Luftig-leichte Einjährige wie Schmuckkörbchen *(Cosmea)*, Ammikraut oder Knorpelmöhre *(Ammi majus)* und Schwarzkümmel *(Nigella)* eignen sich ebenfalls als Begleiter. Ein bewährter Begleiter für Englische Rosen sind auch Fingerhüte.

Witzig zu romantischen Rosen sehen die Blütenkugeln des Zierlauchs aus. Schwertlilien bilden mit ihrem steifen Laub und den extravaganten Blüten einen edlen Kontrast. Aber auch bei den Englischen Rosen gilt die Regel: Die Kavaliere dürfen den Königinnen der Blumenwelt nicht zu nahe kommen.

Gleiches zu Gleichem

Edelrosen, der klassische Gartenadel, bleiben am liebsten unter sich. Am besten kombiniert man sie nur untereinander. Es gibt zahlreiche Farbvarianten. So hat man sich in den siebziger Jahren über die grellbunten Farben der neuen Züchtungen gefreut und entsprechend viele bunte Sorten wild durcheinander gemischt. Heute geht man eher davon aus, dass ein Beet Edelrosen mit einer Sorte bepflanzt noch – ähm – edler wirkt. Allenfalls lassen sich rote, rosarote und weiße Züchtungen zusammen vergesellschaften. Oder gelbe, orange und rote – ich würde in jedem Fall nicht alle Farben vermischen. Aber natürlich ist auch das Geschmacksache, und in seinen eigenen vier Gartenwänden soll jeder tun und lassen, was ihm oder ihr persönlich gefällt.

Begleiter für den Gartenadel

Niedere Polsterpflanzen, allenfalls auch Zwiebelblumen, pflanzt man in jedem Fall vor und nicht in das Edelrosenbeet. Das einziehende Laub der Zwiebelblumen sollte auch nicht gerade dann braun werden, wenn die Rosen aufblühen. Früh blühende, kleinere Zwiebelblumen eignen sich gut, während die späteren Narzissen sowie Tulpen mit unansehnlichem braunem Laub aufwarten, wenn die Rosen am schönsten sind. Teppichstauden, die gut vor das Rosenbeet passen, und die das einziehende Laub von kleineren Zwiebelblumen zu kaschieren vermögen, sind Stachelnüsschen *(Acaena glaucophylla)*, Ziererdbeeren (*Fragaria* 'Pink Panda'), Teppichgarbe *(Achillea tomentosa)*, Glockenblumen – zum Beispiel niedrige Arten wie *Campanula poscharskyana* oder Storchenschnabel der Sorten 'Anne Folkard', 'Rosemoor' sowie der Blutstorchschnabel *(Geranium sanguineum)*. Außerdem passen auch Kaukasusfetthenne (*Sedum spurium* 'Purpurteppich') Katzenminze *(Nepeta)*, Nelken und Steinkraut *(Alyssum)*.

Links: Die gelbe Rose 'Graham Thomas' mit *Nepeta* 'Six Hill's Giant'.

Oben: Die Edelrose 'Tropicana' ist auch unter dem Namen 'Super Star' im Handel. Sie wurde in den sechziger Jahren von Tantau gezüchtet.

Unten: Die Edelrose 'Rachel' ist eine Tantau-Züchtung mit guter Gesundheit. Ihre Blüten werden bis zu 15 Zentimeter groß.

Buchs und Rosen: ein uraltes Duo

Die Geschichte der Verwendung von Buchseinfassungen in der Gartengestaltung ist fast ebenso alt wie die Geschichte der Rosengärten selber. Schon in der Renaissance wurden streng in Form geschnittene Buchskugeln und -hecken als grünes Pendant zur überbordenden Blütenpracht der Rosen geschätzt. Der erste bekannte Renaissancegarten, den die Familie Ruccelai in Florenz anlegen ließ, war von dichten Buchshecken geprägt, hinter denen verschiedene Rosen und andere Blumen gezogen wurden. Später, im Barock, kamen dann großzügige Buchsparterres dazu, in denen Rosen und andere Blumen flächig gepflanzt wurden. Besonders in den Barockgärten Frankreichs waren verschnörkelte Arabesken und komplizierte Knotenmuster beliebt. Zu Zeiten der englischen Königin Victoria hatten streng formale Rosengärten mit Hochstämmchen ihre Blütezeit. Auch hier durften streng geschnittene Buchshecken nicht fehlen. Erst in der zweiten Hälfte des 19. Jahrhunderts traten an die Stelle der formalen Anlagen romantische Rosengärten mit vielen unterschiedlichen Sorten und Formen, die mit verschnörkelten Buchseinfassungen umgeben waren. Im 20. Jahrhundert tritt schließlich oft das klassische Duo Buchs und Rose in ungezwungener Form auf. Nun integriert man einzelne Strauchrosen in Staudenbeete, der Buchs zieht die Blicke in Form großer Kugeln oder Pyramiden auf sich.

Der perfekte Rahmen

Erst eine gepflegte Einfassung bringt ein Beet richtig zur Geltung, genauso, wie ein Bild erst durch den passenden Rahmen vollkommen wirkt. Mit Abstand die beste und beliebteste Einfassung für Rosenbeete ist, wie gesagt, eine Buchshecke. Buchs hat ein angenehmes, sattes Grün, das die anderen Farben zum Leuchten bringt. Es gibt verschiedene langsam wachsende Sorten, die sich für niedrige Hecken verwenden lassen. Besonders elegant sieht eine niedrige Buchshecke entlang eines Kieswegs aus.

Buchs wird übrigens stets im Juni geschnitten, kleinere Hecken mit der Rasenkantenschere oder einer speziellen Buchsschere, grö-

Links: Die alte Gallicarose 'Charles de Mills' breitet ihre Blütentriebe über einer großen Buchskugel aus.

ßere eventuell mit elektrischen Heckenscheren. Aber Vorsicht damit – man schneidet leicht zu tief ins alte Holz.

Der klassische Buchs für niedrige Beeteinfassungen ist *Buxus sempervirens* 'Suffruticosa'. Unbeschnitten wächst er in zehn Jahren zu einer Höhe von nur 30 Zentimetern heran. Der junge Austrieb hat einen hellen Rand, das Laub behält das ganze Jahr über eine frische grüne Farbe, die alle anderen Farben im Garten zum Leuchten bringt. Noch langsamer wächst *Buxus sempervirens* 'Blauer Heinz' – in zehn Jahren erreicht er gerade mal eine Höhe von zehn Zentimetern. Sein Laub ist von blaugrüner Färbung. 'Blauer Heinz' wächst so kompakt, dass er auch unbeschnitten mit den Jahren dichte kleine Kugeln bildet. Gräuliches Laub hat dagegen die Sorte *Buxus sempervirens* 'Myrtifolia.'

Grundsätzlich gilt für Beeteinfassungen aller Art, dass man nicht verschiedene Buchssorten mischen sollte. Mehrfarbige Einfassungen würden nur unruhig und amateurhaft wirken. Für Knotengärten hingegen kommt die Kombination von zwei Sorten durchaus infrage – durch die unterschiedlichen Farben sieht man deutlicher, wie sich die geschnittenen Buchsbänder kreuzen und verknoten. Besonders kontrastreich ist eine Kombination von *Buxus suffruticosa* und *Buxus sempervirens* 'Aureo Marginata'.

In nicht zu exponierten Gärten eignet sich auch Lavendel als Einfassung für das Rosenbeet. Ebenfalls in Form schneiden lässt sich das Heiligenkraut *(Santolina)*.

Buchs selber vermehren

Wer seine Rosenbeete mit einer Buchshecke umgeben will, braucht zunächst eine ordentliche Zahl Jungpflanzen von guter Qualität. Und die sind nun mal nicht ganz günstig. Mit etwas Geduld kann man die Hecke aber aus Stecklingen selber ziehen. Statt sie zu schneiden, reiße ich die Seitentriebe von den Zweigen und stecke diese in die Erde. Solche Risslinge wurzeln noch besser als geschnittene Stecklinge, weil die Oberfläche der Wunde größer ist und sich dort mehr Wachstumshormone bilden. Am besten steckt man sie entlang einer gespannten Schnur direkt an Ort und Stelle in die Erde. Eine gute Zeit hierfür ist entweder im Frühling oder später im Jahr im August. Wenn ich Buchsstecklinge vermehre, ziehe ich sicherheitshalber immer noch einige Ersatzpflanzen in kleinen Töpfen, um später allfällige Lücken füllen zu können.

Gemeinsam buddeln

Agatha Christie und Max Mallowan

Sie gärtnerte zwar auch, aber vor allem interessierte sich Agatha Christie für archäologische Ausgrabungen. Auf einer ihrer zahlreichen Reisen in den Nahen Osten lernte sie ihren zweiten Ehemann, den vierzehn Jahre jüngeren Archäologen Max Mallowan kennen. Fortan begleitete sie ihn auf seinen Grabungen und half oft auch selber tatkräftig beim Buddeln mit. Dabei dachte sie sich ihre vertrackten Kriminalfälle aus. Viele ihrer berühmten Miss-Marple-Krimis entstanden während dieser Expeditionen. Die legendäre Krimiautorin, die über 80 Bücher und einige sehr erfolgreiche Theaterstücke geschrieben hat, scheute keine Mühe und keine Entbehrungen. Sogar im Alter von 68 Jahren schlief sie noch wie alle anderen Expeditionsteilnehmer im Zelt. Neben der Archäologie interessierte sie sich für Giftpflanzen. Aus ihrer Zeit als Krankenschwester und Apothekenhelferin während des Ersten Weltkriegs verfügte sie diesbezüglich über ein beträchtliches Wissen, welches sie mit boshafter Fantasie anreicherte. So musste Miss Marple auch schon einmal nach einer blauen Killergeranie fahnden. Lustigerweise wurde aber keine Geranie, sondern eine Kletterrose des deutschen Züchter Kordes nach der weltberühmten Krimiautorin benannt – die Rose 'Agatha-Christie' erblüht in unschuldigstem Hellrosa.

Die Ehrgeizigen und die Aufsteiger

Überall dort, wo der Platz knapp ist, bieten Kletterpflanzen die Lösung. Auch Rambler und Kletterrosen wollen hoch hinaus. Stets streben sie dem Himmel zu und bilden jede Menge Blüten auf ganz wenig Fläche. Eine Kletterrose kann mit einem Fleckchen Erde von 40 mal 40 Zentimetern Größe schon bestens zurechtkommen. Voraussetzung ist allerdings, dass der Boden tiefgründig ist. Zu nahe an Hausmauern gepflanzt, entstehen oft Probleme mit dem Fundament. Außerdem muss man bedenken, dass unter Dachvorsprüngen der Regen oft nicht ausreicht und die Erde dort extrem trocken sein kann.

Auch Streber brauchen Halt

Kletterrosen haben steife Triebe. Man zieht sie an einer Wand hoch, wobei sie stets ein Rankgerüst brauchen. Dieses darf aber nicht direkt an die Mauer geschraubt werden, ideal ist ein Abstand von 30 Zentimetern zur Wand. So kann genügend Luft zirkulieren, und die Rose bleibt gesund. Wenn beim Festbinden der Rosen die Triebe so waagrecht wie möglich gebogen werden, bilden sich übrigens mehr Blüten.

Als originelle Kletterhilfe lässt sich eine alte, an der Wand befestigte Leiter zweckentfremden. Auch dicke Seile sind schön. Wenn die Kletterrosen daran hochwachsen, sieht das ausgesprochen romantisch aus. Gerade auch für Ramblerrosen, die in die Krone eines Baums hinaufwachsen sollen, ist eine Leiter oder ein Strick eine willkommene Starthilfe. Ramblerrosen haben biegsame, lianenartige Triebe, die je nach Sorte bis zu zehn Meter lang werden können. Sie eignen sich besonders gut, um in die Kronen lichter alter Bäume hinaufzuwachsen. Außerdem eignen sie sich zur Begrünung großer Bögen und Pergolen.

KLASSISCHE RAMBLER-PAARE

- 'Rambling Rector' und 'Kiftsgate', die zeitlich leicht versetzt blühen.
- Die weiße 'Wedding Day' zusammen mit der violetten 'Blue Magenta'.
- Die knallig rosarote 'American Pillar' zusammen mit der zartrosaroten 'R. Albertine' oder mit 'Thalia', einer weißen Multiflora-Sorte.

Links: Von 'Schneewittchen' gibt es eine kletternde Form, die sich sehr schön mit dem violetten Rambler 'Veilchenblau' kombinieren lässt.

Rechts: Die üppig in Büscheln blühende *Rosa multiflora* hat nur wenige Stacheln und eignet sich ideal zum Beranken von Bögen.

Links: 'Constance Spry' bezaubert den Besucher dieses Gartens mit ihrem intensiven Myrrhe-Duft.

Rechts: 'Baronesse Rothschild' und 'William Lobb' umspielen gemeinsam den schmucken Holzzaun.

Rosige Türsteher

Ich mag Rosenbögen. Sie eröffnen neue Perspektiven, lassen den Garten größer und zugleich geheimnisvoller erscheinen. Sie schaffen Höhe und Struktur. Und vor allem bieten sie Raum für kleinere Kletterrosen, von denen ich nie genug haben kann. Besonders wirkungsvoll ist es, wenn man mehrere Rosenbögen entlang eines Wegs hintereinanderreiht, sodass man durch einen wahren Rosentunnel flanieren kann. Rosensorten wie 'Dr. Van Fleet' oder 'Mme Alfred Carrière', die hervorragend duften, sind für solche Zwecke besonders reizvoll. Klassiker für den Rosenbogen sind die romantische, aber nur einmal blühende 'Constance Spry' und die neuere Delbard-Züchtung 'Nahéma', die stark an 'Constance Spry' erinnert und mehrmals blüht. Auch die perlmuttfarbene 'New Dawn' macht an einem Rosenbogen stets eine gute Figur.

Am schönsten sind Kletterrosen in Kombination mit einer Clematis, aber auch Heckenkirschen und andere Kletterer lassen sich dazugesellen. Oft sieht man auch zwei verschiedene Kletterrosen gemeinsam an einem Bogen. Bei den großblütigen modernen Kletterrosen sind dabei allerhand Kombinationen denkbar. Manche bevorzugen eine weiße und eine rote Sorte zusammen, andere wählen gelbe und rote Rosen. Das ist letztlich Geschmackssache. In manchen Versandkatalogen findet man sogar Rosen, bei denen mehrere Farben auf einem Wurzelstock veredelt wurden. Auch das ist Geschmackssache. Die Sorte 'Climbing Masquerade' übernimmt das gleich selber – ihre Blüten öffnen sich in leuchtendem Gelb, verändern sich dann zu Rosa und erstrahlen zuletzt in einem intensiven Karminrot.

Blütenstars unter den Kletterern

Eine der blühfreudigsten roten Kletterrosen ist 'Santana', die Rosenbögen bis weit in den Herbst hinein mit ihrem blutroten Band verschönert. Ebenfalls empfehlenswert sind 'Danse du Feu' oder 'Dublin Bay'. Auch 'Golden Showers' oder 'Golden Olymp' sind gute gelbe Kletterrosen. Eine der schönsten weißen Kletterrosen des 20. Jahrhunderts ist 'Paul's Lemon Pillar'.

Rosige Hecken und Zäune

Was gibt es Romantischeres als einen alten Holzzaun, durch den eine blühende Rosenhecke hindurchwächst? Rosenhecken sind eine schöne, natürliche Abgrenzung. Ich lasse sie jeweils nur hüfthoch werden. So bilden sie eine klare Abgrenzung, insbesondere auch für vorbeispazierende Hunde. Und gleichzeitig fordern sie neugierige Blicke über den Zaun geradezu heraus. Ist die Rosenhecke erst einmal dicht gewachsen, bietet sie auch Vögeln und anderen Tieren Nistmöglichkeiten und Verstecke, sie übernimmt somit auch eine wichtige ökologische Funktion. Zu diesem Zweck mische ich verschiedene alte und romantische Rosen.

Dauerblüher und Duftwolken

Ich mische die Sorten in einem unregelmäßigen Rhythmus und stimme sie farblich so ab, dass die Kontraste nicht zu groß sind. Die einmal blühende 'Rosa Mundi' ergänze ich beispielsweise mit meinen anderen robusten Lieblingssorten, der 'Rose de Resht' und 'Bonica 82'. So blüht mein Rosenzaun den ganzen Sommer und Herbst über. 'Schneewittchen', 'Jacques Cartier', 'Abraham Darby', 'Fritz Nobis' und die 'Rose de Resht' haben sich an etwas exponierten, windigen Standorten, bewährt zum Beispiel entlang der Straße. Außerdem pflanze ich die rot-weiß gestreifte 'Ferdinand Pichard', die noch blüht, wenn 'Rosa Mundi' schon längst Hagebutten angesetzt hat. Mit nicht so optimalen Bedingungen kommen insbesondere auch die *Rugosa*-Rosen gut zurecht, denen nicht einmal das Streusalz von der Straße viel anhaben kann. Eine meiner liebsten „Salzrosen" ist 'Conrad Ferdinand Meyer'. Ans Eingangstor pflanze ich eine 'Blanc double de Coubert', die uns mit einer üppigen Duftwolke empfängt, wenn wir abends mal etwas später heimkehren.

'Raubritter' eignet sich gut für einen etwas höheren Zaun. Zusammen mit der *Rosa glauca* kommt sie gut zur Geltung, zumal die letztere dann mit ihren Hagebutten nochmals Aufsehen erregt.

Die überhängend wachsende 'The Fairy' kann zusammen mit 'Schneewittchen'-Hochstämmchen an einem rustikalen Zaun schön aussehen. Die 'Rosenfee' hat außerdem den Vorteil, dass sie etwas Salz von der Straße vertragen kann. Auch 'Bonica 82 ist diesbezüglich tolerant.

MEHR HECKENROSEN

Niedrige, öfter blühende Heckenrosen:
'Ballerina', 'Maxi Vita', 'Mountbatten', 'Rose de Resht', 'Rosenprofessor Sieber', 'Escapade', 'Lions-Rose'.

Höhere, öfter blühende Heckenrosen:
'Lichtkönigin Lucia', 'Mein schöner Garten', 'Red Eden Rose', 'Schneewittchen', 'Westerland', 'Angela', 'Bischofstadt Paderborn', 'Centenaire de Lourdes'.

Eine gute, rot blühende Rose
für Hecken mit nur einer Sorte ist die bereits ältere Floribundarose 'Frensham'. Sie hat kräftige, sehr dornige Triebe und ist robust sowie wüchsig. Ihre leuchtend roten Blüten sind ein fantastischer Hingucker.

DIE BESTÄNDIGEN

Bäume und Sträucher

Bäume und Sträucher bilden das Rückgrat eines Gartens. Umso genauer muss man sich überlegen, wo man sie pflanzt und wie man sie kombiniert. Gehölzpflanzungen schaffen ein günstiges Mikroklima für zartere Stauden- und Sommerblumenkompositionen und schützen uns vor Wind und fremden Blicken. Und manche Baumpaare werden mitunter für die Ewigkeit gepflanzt.

Halbwüchsige und geköpfte Bäume

Irgendwie will es das Schicksal, dass mir immer wieder Gärten mit geköpften Bäumen zufallen. Dabei sollte es sich inzwischen herumgesprochen haben, dass es keine gute Idee ist, einem Baum einfach, ratsch, ratsch, die obersten paar Meter abzusäbeln. Das wird nie und nimmer wieder gut aussehen! Und genau die alten Bäume in meinem neuen Garten wurden von den Vorgängern grauenhaft geschnitten. So bleibt nur eines: Einen um den anderen zu ersetzen.

Nun liegt aber das Grundstück auf einer Höhe von 800 Metern über dem Meeresspiegel und ist entsprechend kalten Winden ausgesetzt. Also brauche ich dringend Bäume, um gemütliche Ecken zu schaffen und den Rosen, den Iris und Lilien eine Chance zu geben. Und so pflanze ich erst einmal junge Bäume zwischen die Kettensägen-Opfer. Wichtig ist dabei, genügend Abstand zu den Wurzeln der alten Bäume zu lassen. Eine Magnolie hätte ich gern. Aber die vertragen nicht allzu viel Kälte, zudem sehen sie meist nur wenige Tage im Jahr gut aus. Nach einem Nachtfrost oder wenn die Blüten verregnet werden, bieten sie einen traurigen Anblick mit ihren herunterhängenden, braun verfärbten Blüten. Eine Quitte möchte ich hingegen unbedingt. Dann natürlich einen stattlichen Holunder. Eine Linde ist schon da. Sie hatte Glück, da man sie bei der Baumköpf-Aktion wohl übersehen hat, weil sie im Schatten einer riesigen Lärche wächst – die ihrerseits genau vor dem Alpenpanorama steht. „Weg mit der Lärche!", sagt mein Mann, „freie Sicht auf die Alpen!" „Lass uns noch ein paar Jahre warten", erwidere ich, mit Blick auf die Kletterrose, die sich an der Lärche hochgearbeitet hat und nun einen dichten Vorhang praller Hagebutten über die winterlich kahlen Äste mit den zierlichen Zapfen hängen lässt. Eine Rose und eine Lärche, diese Kombination wäre mir in meinen kühnsten Gartenträumen nicht in den Sinn gekommen, aber tatsächlich sieht das ungewöhnliche Paar ganz hübsch aus. „Du kannst ja nebendurch auf die Alpen gucken", vertröste ich meinen Mann, „musst halt ein bisschen den Kopf drehen!"

Schöne Kulissen

Büsche sind oft einfach schon da, ohne dass man weiter über sie nachdenkt. Sie bilden, ohne selber groß aufzutrumpfen, die Kulisse für Staudenbeete, Rosen und Sommerblumen. Selten werden Büsche bewusst als Paare gepflanzt. Dabei gibt es auch hier Duos, die sich prima ergänzen. Vor meiner Voliere steht ein großer violetter Flieder, daneben gedeiht, nur halb so hoch, ein Fingerstrauch *(Potentilla fruticosa)*.

Zwei Büsche ergänzen einander am besten, wenn man Sorten wählt, die nicht zur gleichen Zeit blühen. Vor dem Fenster meines Arbeitszimmers wächst ein stattlicher Goldregen, daneben ein ebenso mächtiger Feuerdorn. Zwar ist das keine sehr originelle Kombination, aber die beiden sind ein sonniges, eingespieltes Paar, das ich gerne mag. Allerdings habe ich die gelbe Rose 'Danse-de-Feu' hinzugefügt. Sie remontiert und wird auch noch blühen, wenn am Goldregen schon längst die giftigen Samenkapseln hängen. Ich freue mich schon jetzt auf den Herbst, dann werden ihre gelben Blüten im Herbstwind um die orangefarbenen Beeren des Feuerdorns tanzen.

Charakterstarke Sträucherpaare

Die gutmütigen Weigelien passen perfekt zu Forsythien. Mit einem Schmetterlingsstrauch *(Buddleia)* ergänzt bilden sie ein anspruchsloses Trio für alle Lagen. Einen theatralischen Auftritt bietet der pudrig-pastellige Perückenstrauch *(Cotinus)* in Begleitung einer rosaroten Hortensie. Noch dramatischer wirken die beiden, wenn sie von einem Roseneibisch *(Hibiscus)* flankiert werden. Dieser ist mit seinen grellen, großen Blüten eine wahre „Rampensau", wie man sie schöner auf keiner Liebhaberbühne finden könnte. Dezenter und gediegener geht es zu, wenn Japanischer Fächerahorn und Azalee gemeinsam das Parkett betreten. Und die schüchterne Zaubernuss *(Hamamelis)*, die im Frühling dem genauen Betrachter ihren ganzen Charme enthüllt, lässt sich gerne von dem im Sommer ebenfalls in Gelb blühenden Ranunkelstrauch *(Kerria japonica)* durch die Jahreszeiten begleiten.

Links: Die Stämme der Papierbirken (*Betula utilis* var. *jacquemonii*) leuchten vor *Camellia* 'Donation'. Im Frühlingsbeet blühen außerdem Lenzrosen, Euphorbien und Narzissen.

Die Unbesiegbaren

Caesar und Kleopatra

Wie bei gewissen Menschen, so weiß man auch bei manchen Pflanzen nicht so recht, ob man sie schön finden oder verabscheuen soll. Die Mahonie ist so ein Fall. Genau genommen könnte man sie mit ihren ledrigen, stachelbewehrten Blättern auch als hässlich bezeichnen. Aber sie weiß sich zu behaupten. Wenn sie sich gegen Ende des Winters mit goldgelben Blütentrauben schmückt, blendet sie jeden Gegner. Ähnlich muss es Caesar mit seiner Kleopatra ergangen sein, die alten Münzen und Büsten zufolge eher grobe Züge und eine große krumme Nase hatte. Auch ist nicht klar, ob die ägyptische Königin von schwarzer Hautfarbe war; jedenfalls beanspruchen afrikanische Historiker sie als eine der ihren. Offiziell konnte sie nicht Caesars Frau werden, da dieser schon mit Calpurnia verheiratet war. Aber das hinderte die herrschsüchtige Frau nicht daran, ihre Macht auszuweiten und auszuüben.
Den nicht minder machtgierigen Caesar seinerseits kann man sich kaum ohne den berühmten Lorbeerkranz vorstellen. Und wo der echte südländische Lorbeer nicht gedeiht, muss der Kirschlorbeer *(Prunus laurocerasus)* herhalten. Der nämlich ist ähnlich zäh wie die Mahonie und in jeder Lage unbesiegbar. Und seine Schönheit – ja, die sei sowieso dahingestellt.

Tradition pur: der Hausbaum

Traditionellerweise steht der Hausbaum einsam und alleine da, hält Wache, wirft seinen milden Schatten über den Hof. Oft ist er von früheren Generationen als gutes Omen gepflanzt worden. Linden beispielsweise gelten als Symbol für eheliche Liebe ebenso wie für Gastfreundschaft, weshalb sie häufig als Schattenspender vor Gartenwirtschaften dienen.

Einzelgänger Hausbaum

Birnbäume, aber auch Birken sollen vor Hexen schützen und allgemein Glück bringen. Die anspruchslose Eberesche oder Vogelbeere, die so viele Samen produziert, gilt als Baum der Fruchtbarkeit und des Kindersegens.

Eichen gelten als Symbol der Heldenhaftigkeit und Unsterblichkeit. Kastanien wird in Europa wegen ihrer stacheligen Wehrhaftigkeit traditionell Unbeflecktheit zugeschrieben. In Asien findet man Kastanien gelegentlich als riesige Hausbäume vor buddhistischen Tempeln, wo sie als Zeichen weiser Voraussicht gelten, da man ihre Früchte den Winter über einlagern kann. Bei uns müssen sie sich mit ihrer sprichwörtlichen Bedeutung, „Die Kastanien aus dem Feuer holen", begnügen.

Wenn es um Holunder geht, bin auch ich abergläubisch. Und so war eine meiner ersten Aktionen im neuen Garten, einen Holunder vor dem Haus zu pflanzen. Holunder soll böse Geister fernhalten und spielt damit eine nicht zu unterschätzende Rolle für das weitere Wohlergehen der Familie.

Bäume und ihre Untertanen

Egal, welche übersinnlichen Eigenschaften Hausbäumen traditionell zugeschrieben werden, eines haben alle gemeinsam: Sie stehen immer alleine da. Das hat nicht nur traditionelle, sondern auch biologische Gründe. Tatsächlich dulden etliche Bäume nämlich keine Konkurrenz. Ein Nussbaum zum Beispiel ist ein geradezu asoziales Gewächs. Seine Wurzeln sondern eine Substanz ab, die das Wachstum jeglicher Pflanzen in der Umgebung unterbindet. Auch in der

Nachbarschaft von Kastanien gedeiht kaum etwas. Eichen hingegen gehen mit bestimmten Pilzen Symbiosen ein, andere Pflanzen mögen sie aber auch nicht in ihrer unmittelbaren Nähe dulden.

Denke ich an Bäume, sehe ich Einzelgänger vor mir. Große stattliche Buchen, Eichen oder Ulmen, die ihre Äste majestätisch in die Landschaft breiten. Baumriesen, zu deren Füßen Zwiebelblumen verwildern, Krokusse, Herbstzeitlosen oder Narzissen. Ihre Wirkung entfalten sie in der Einzahl, sie stehen immer für sich, auch wenn es in einem größeren Garten oder Park natürlich mehrere von ihnen gibt.

Manchmal wachsen in ihrem Schatten Elfenblumen *(Epimedium)* oder Funkien *(Hosta)*, Efeu kriecht ihnen zu Füßen, unter lichten Kronen breitet sich Storchenschnabel aus.

Hausbaum in Begleitung

Aber gibt es Hausbaum-Baumpaare? Birken kommen in Gruppen schön zur Geltung, wobei sie klassischerweise in einer unregelmäßigen Dreiergruppe angeordnet werden. Und vor neueren Häusern sieht man oft zwei kleine Kugelrobinien, die den Eingangsbereich verschönern. Auch zwei Obstbäume vor dem Haus bilden ein starkes Paar, das Gäste willkommen heißt. Überhaupt stehen Obstbäume oft zu zweit, da die meisten Sorten ja auch Partner brauchen, um sie zu befruchten.

Besonders schön sind Apfelbäume, wenn man sie mit Lenzrosen und Narzissen unterpflanzt. Da die Frühlingsblumen ihren Auftritt haben, bevor das Laub austreibt, kommen alle auf ihre Kosten. Grundsätzlich mögen es Bäume aber nicht, wenn man die Wurzelscheibe bepflanzt, da auch kleinere Gewächse mit den feinen Wurzeln der Bäume konkurrieren. Eine Ausnahme bildet die Kapuzinerkresse, die sehr flach wurzelt und den Obstbäumen sogar hilft, gesund zu bleiben. Unter den Obstbäumen in meinem neuen Garten siedle ich aber dennoch Lenzrosen und Dichternarzissen an.

Oben: Pfingstrosen und Lavendel vor einem alten Apfelbaum – das klappt nur mit genügend Abstand!

Rechts: Funkien passen gut unter Bäume, vorausgesetzt, sie bekommen genug Wasser. Hier zu sehen ist *Hosta fortunei* var. *albopicta.*

Ganz links: Lenzrosen *(Helleborus orientalis)* wachsen zusammen mit Schneeglöckchen zu Füßen eines Baumes.

Links: Narzissen verwildern gerne unter Obstbäumen. Das verwelkte Laub lässt man stehen, damit die Zwiebeln Kraft für das nächste Jahr tanken können.

Ein Traumpaar für die Ewigkeit

Dorli und Gerhard Meier

Bäume altern anders als Menschen, sie werden mit den Jahren immer schöner. Und wenn zwei Bäume nebeneinander wachsen, werden sie mit dem Alter beinahe eins, ihre Stämme neigen sich einander zu, die Äste verweben sich, ihr Laub mischt sich zu einem einzigen grünen Dach. Unsereinem aber erscheint das Altern heutzutage, und erst recht das gemeinsame Altern zu zweit, als eine schier nicht mehr zu bewältigende Herausforderung. Selten vermögen eheliche Beziehungen noch die Wirren der Gegenwart zu überdauern. Umso ehrfürchtiger blicken wir zu jenen auf, deren Liebe alle Spuren der Jahrzehnte überdauerte und die nicht einmal der Tod zu verwüsten mochte. Der Schweizer Schriftsteller Gerhard Meier und seine Frau Dorli waren 60 Jahre verheiratet. Als sie 1997 verstarb, schrieb er den Nachruf „Ob die Granatbäume blühen", 2005 bei Suhrkamp erschienen. Es ist eine der ergreifendsten Liebeserklärungen der deutschsprachigen Gegenwartsliteratur. Als Motto stellt Meier dem Dialog mit seiner verschiedenen Frau eine Strophe aus dem Hohelied, 8,13 voran: „Die du wohntest in den Gärten, lass mich deine Stimme hören."

Oben: Die Beeren von *Taxus baccata* sind hübsch, aber hochgiftig.

Rechts: Zwei stattliche Exemplare der irischen Säuleneibe stehen über diesem Garten Wache (*Taxus baccata* 'Fastigiata Aurea').

Uralte Türsteher: die Eiben

Zu den ältesten Baumpaaren der Welt gehören Eiben. Manche noch lebende Duos sind über hundert Jahre alt! Und seit Menschengedenken ranken sich wundersame Geschichten um diese edlen Nadelgehölze, die oft paarweise beim Eingang von Friedhöfen, vor Kirchen, aber auch zu Torbogen geschnitten in herrschaftlichen Privatgärten Verwendung fanden. Dabei handelt es sich meistens um die Sorte *Taxus baccata* 'Fastigiata', die irische Säuleneibe. Tatsächlich geht ihr Ursprung auf ein Baumpaar zurück: Ein Pächter von Lord Enniskillen entdeckte im Jahr 1760 in den umliegenden Hügeln des heute nordirischen Enniskillen zwei Sämlinge von Eiben, die einen merkwürdig aufrechten Wuchs zeigten. Pflichtbewusst brachte er die auffälligen Pflänzchen seinem Herrn, der sie im Park seines Wohnsitzes Florence Court auspflanzen ließ. Eines der beiden Pflänzchen überlebte, bildete aber keine Samen. Seine Stecklinge jedoch wuchsen zu den berühmten Säuleneiben heran, die bis heute Friedhöfe, Park- und Privatgärten zieren. Kein anderer Baum hat jemals so viele direkte Nachkommen hervorgebracht. Denn jede einzelne Säuleneibe dieser Welt ist ein identischer Klon des ursprünglichen Sämlings aus dem Park von Lord Enniskillen!

Ein heiliges Baumpaar

Von den Stechpalmen *(Ilex)* braucht man stets zwei, damit sich die zu Weihnachten beliebten, dekorativen roten Beeren bilden können. Denn Stechpalmen bilden entweder nur männliche oder nur weibliche Blüten. Damit die weiblichen Bäume Beeren bilden, muss ein männlicher Baum in der Nähe wachsen. In meinem irischen Garten hatte ich eine Stechpalmenfrau, die den ganzen Sommer über grün und unauffällig am Rand des Gemüsegartens stand und, obwohl sie groß und von ebenmäßigem Wuchs war, kaum auffiel. Im November jedoch, nach den ersten Nachtfrösten, wurden ihre Beeren, die man vorher kaum sah, auf einmal rot. Über Nacht wurde sie zum bewunderten Star in meinem Garten.

Winterliche Beerenpracht

Einer irischen Bauernweisheit zufolge bedeuten viele Stechpalmenbeeren, dass ein strenger Winter bevorsteht. Doch meine Stechpalmendame kümmerte sich nicht um derlei Orakeldienste. Unbeirrt trug sie auch dann jede Menge Beeren, wenn ihre Kolleginnen in der Umgebung kahl blieben. Wahrscheinlich schätzte sie einfach den Kompost, den ich jeweils auf das angrenzende Beet schaufelte! Jedenfalls warfen Besucher immer wieder neidische Blicke auf ihre reich behangenen Zweige und versuchten, ein Büschel zu erbetteln. Erst kurz vor Weihnachten schnitt ich erste Zweige für unsere Stube, weil sie in einer Vase mit warmem Wasser nicht länger als eine Woche halten. Zum Flechten von Adventskränzen ist die Stechpalme aus diesem Grund, und natürlich wegen der stacheligen Blattränder, nur bedingt geeignet.

Schutz von innen wie von außen

Immergrüne Pflanzen gelten als Symbol der Unsterblichkeit und des ewigen Lebens. Aus diesem Grund werden sie auch im Christentum als Weihnachtsschmuck verwendet. Efeu galt bereits den Druiden als heilige Pflanze. Die Kelten brachten den immergrünen Kletterkünstler mit der Wintersonnenwende in Verbindung. Zu diesem Anlass verwendete man ihn als Dekoration, wobei die Häuser mit Efeuzweigen geschmückt wurden. Im Gegensatz zur Stechpalme, deren Zweige traditionell ins Innere der Häuser geholt werden, ist der Efeu für den Schutz von außen zuständig. Sein immergrünes Blätterdickicht soll Geistern, Feen und Walddämonen Unterschlupf bieten und sie freundlich stimmen. Bevor man aber Efeu an die Hauswand pflanzt, sollte man sich vergewissern, dass der Verputz in gutem Zustand ist, und darüber im Klaren sein, dass man ihn kaum mehr entfernen kann. Im Gegensatz zu den Zweigen der Stechpalme halten diejenigen des Efeus in der Vase wochenlang – und sie lassen sich schmerzlos zu aufwändigen Arrangements und Kränzen verarbeiten.

Der einzige europäische Schmarotzer

Auch die Mistel *(Viscum album)* ist eine Pflanze, die man traditionell zu Weihnachten ins Haus holt oder an die Türe hängt. Die Mistel ist die einzige europäische Pflanze, die als Schmarotzer prinzipiell auf Bäumen wächst. Die Samen gelangen mit dem Kot von Vögeln, die Mistelbeeren gefressen haben, auf die Äste, wo sie kleben bleiben und festwachsen. Als Wirtspflanzen bevorzugen Misteln Pappeln, Ahorn, Apfelbäume und Weiden. Sie gedeihen aber auch auf Weißtannen und Kiefern. Auf Eichen sind sie sehr selten, und darum wurden Misteln, die auf Eichen wuchsen, von den Druiden besonders verehrt. Wer auf einem Baum im eigenen Garten eine Mistel ansiedeln will, bewahre ein paar Beeren bis zum Frühling auf und ritze dann mit einem Messer die Rinde des Wirtsbaumes an, um die klebrigen Beeren hineinzudrücken. Nach einigen Monaten sollten sich die ersten Mistelblätter zeigen.

Links: Die immergrünen Ranken des Efeus (*Hedera helix*) umspielen eine halbverborgene Skulptur.

Rechts: Dieses Paar bringt Weihnachtsstimmung ins Haus: Stechpalme (*Ilex* 'Lydia Morris') und Mistel *(Viscum album)*.

Nimmermüde Nadelgehölze

Mit Koniferen habe ich grundsätzlich Probleme. Zu viele dieser schrecklich langweiligen grünen Mauern, genannt Lelandii-Hecken, ziehen sich landauf, landab durch die Vorgärten. Ihre Wurzeln laugen den Boden aus, sodass in den dahinterliegenden Beeten meist nicht mehr viel gedeiht. Was den einfallslosen Gartenbesitzern, die Scheinzypressen gepflanzt haben, wohl gerade recht kommt: Wenn der Rasen kränkelt, muss man ihn weniger oft mähen. Und dann die Tannen. Sie gehören von mir aus zu Weihnachten in die gute Stube, bestückt mit Kerzen und Kugeln und allerlei Glitzertand, aber im Garten möchte ich sie lieber nicht sehen. Es sei denn, man besitzt ein riesiges Grundstück mit dazugehörigem Wald – da sind Tannen zugegebenermaßen praktisch als Versteck für die scheuen Rehe. Aber in einem kleineren Garten werfen sie bloß jahraus, jahrein ihren düsteren Schatten über alles, ohne jemals selber mit Blumen, Früchten oder sonst irgendetwas von Interesse aufzutrumpfen. Koniferen gammeln einfach nur langweilig rum, beanspruchen eine Menge Platz, laugen den Boden aus, und vor allem nehmen sie den anderen Pflanzen das Licht weg. In meinem neuen Garten standen vor dem Haus eine große Weißtanne und ein stattlicher Thujabaum. Die beiden gaben ein unsäglich trauriges Duo ab, das vor allem durch seinen Schattenwurf hervortrat. Wir haben sie beide gefällt. Was nicht nur für den Garten, sondern auch für das Haus die richtige Entscheidung war: Seither haben wir Tageslicht in der Küche. Und die Tannenzweige leisteten mir im ersten Winter gute Dienste zum Abdecken der frisch verpflanzten Rosen.

Vom richtigen Umgang

Allerdings muss ich zugeben, dass ich in anderer Leute Gärten auch schon Koniferen gesehen habe, die mir gefallen haben. Das Geheimnis ist wohl, nicht zu viele davon zu pflanzen und Standorte zu wählen, wo ihr tiefer Schatten nicht weiter stört und wo sie genug Platz haben, sich zu ihrer vollen Größe zu entfalten. Es gibt im Garten absolut keinen traurigeren Anblick als eine geköpfte Tanne!

Eine der ältesten – und seltensten – Pflanzen der Welt ist die Wollemi-Pine *(Wollemia nobilis)*. Ihre Geschichte reicht bis in die Zeit der Dinosaurier zurück. In der Natur gibt es keine hundert ausgewachsenen Wollemi-Bäume mehr. Entdeckt wurden sie 1994 im australischen Blue-Mountains-Nationalpark. Seit 2006 sind Jungpflanzen mit dem 200 Millionen Jahre alten Stammbaum im Handel. So kann man im eigenen Garten etwas zur Erhaltung dieser aussterbenden Baumart beitragen. Allerdings sind sie nur bedingt frosthart und müssen als Kübelpflanze überwintert werden. Als Unterpflanzung passen kleinere Baumfarne *(Dicksonia antarctica)*, die ebenfalls saures Substrat und Halbschatten bevorzugen. Denn beide stammen aus dem Regenwald Australiens.

Oben: Die Sorte *Ginkgo biloba* 'Fastigiata' wächst zu einer säulenartigen Gestalt heran.

Unten links: Die Wollemi-Pine *(Wollemia nobilis)* ist eine der ältesten und seltensten Pflanzen der Welt.

Unten rechts: Die Europäische Lärche *(Larix decidua)* und Ahorn (*Acer palmatum* 'Fireglow') im Herbstkleid.

Wenn wir schon bei schönen Koniferen und urzeitlichen Bäumen sind, darf natürlich der Ginkgo *(Ginkgo biloba)* nicht fehlen. Auch er gehört mit einer Geschichte, die 300 Millionen Jahre zurückreicht, zu den urtümlichsten Gewächsen unseres Planeten. In Europa wachsen erst seit 250 Jahren Ginkgobäume.

Für seine sprichwörtliche Unsterblichkeit berühmt geworden ist der Ginkgo von Hiroshima, der keine 800 Meter von der explodierenden Atombombe entfernt gestanden hatte. Obwohl der Baum, wie alles andere in der Umgebung, völlig zerstört schien, trieb er nach dem Krieg wieder aus. So ist der Ginkgo zum Symbol für Hoffnung und Unsterblichkeit geworden.

Uralter Überlebenskünstler

Der Ginkgo ist übrigens ein zweihäusiger, oviparer Baum – die männlichen und weiblichen Blüten bilden sich nicht an derselben Pflanze. Und die scheinbaren Früchte, die an Mirabellen erinnern, haben in der Tat mehr Ähnlichkeit mit unbefruchteten Eiern als mit Früchten. Sie werden erst durch den männlichen Pollen befruchtet, nachdem sie vom Baum gefallen sind – und auch dann bilden sich keine Samen, sondern Embryos.

Gemeinsam hoch hinaus

Traditionell werden Solitärbäume gern mit Kletterpflanzen kombiniert. Ich habe einige Efeupflanzen an die Bretterwand des Kaninchenstalls gesetzt, in der Hoffnung, sie mögen die Hütte zumindest von Weitem, beziehungsweise vom Fenster meines Arbeitszimmers aus gesehen in eine freundliche grüne Laube verwandeln. Am Haus selber bin ich mit Efeu vorsichtig, seit ich einmal das Vergnügen hatte, jahrzehntealte Haftfüßchen mit der Stahlbürste von einer alten Steinfassade zu kratzen.

Unermüdliche Kletterer

Da Efeu kräftig wächst, braucht er viel Energie und Nährstoffe. Daher ist es nicht so einfach, ihn mit anderen Kletterern zu kombinieren. Eine Rose oder eine Clematis hätte neben dem gierigen Efeu einen ausgesprochen schweren Stand. Allenfalls die zähen Heckenkirschen schaffen es, mit dem Efeu zu konkurrieren, oder eine Kletterhortensie *(Hydranga petiolaris)*, so sie schon richtig Fuß gefasst und einige Jahre Vorsprung hat. Der beste Partner für Efeu ist gewiss ein alter, nicht mehr ganz gesunder Baum. An dem kann der eifrige Schlinger sich hochwinden, und wenn der alte Baum dereinst den Geist aufgibt, so steht er doch immer noch in einem grünen Kleid da.

Ein Klassiker zum Verschönern von Bäumen sind die Waldreben *(Clematis)*. Sie haben ihre Wurzeln gern im Schatten und fühlen sich daher zu Füßen eines Baumes besonders wohl, von wo aus ihre meterlangen Triebe der Sonne entgegenranken. Insbesondere die auf der Wildform basierenden Züchtungen von *Clematis viticella* sind robust und eignen sich auch zum Beklettern von größeren Bäumen.

Links: Ein Dornröschentraum mit den beiden wüchsigen Sorten 'Alister Stella Gray' und 'Madame d'Arblay'.

Rechts: Ein anhänglicher Partner für alte Bäume ist Clematis. Hier blüht *Clematis viticella* 'Madame Julia Correvon'.

PARTNER AUF ZEIT

Die Guten ins Töpfchen ...

Trautes Heim, Glück allein: Manche Pflanzen vergesellschafte ich, indem ich jeden Partner in seinem eigenen Gefäß ziehe – getrennte Schlafzimmer, wenn man so will. Und in der Vase lassen sich Blumen kombinieren, die im Garten niemals zusammen blühen würden. Mit Schnittblumen und in Topfgärten rücke ich so je nach Saison immer die aktuellen Highlights in den Vordergrund.

Vorwitzige Frühjahrsblüher

Gleich zu gleich gesellt sich gern: Beim Kombinieren von Zwiebelblumen achte ich darauf, nicht allzu viele verschiedene Sorten durcheinanderzumischen. Eine Sorte Tulpen, Narzissen oder Hyazinthen mit einer oder zwei Begleitpflanzen zusammen genügen vollkommen, um einen schönen Blickfang zu kreieren. Dann ergänze ich die Arrangements noch mit Steppen-Euphorbien, Korkenzieherhasel und anderen Zweigen und decke die Erde mit Moos ab. Lieber zum Beispiel zu Ostern mit bunten Eiern, Steinen, Federn oder dergleichen schmücken, als zu viele verschiedene Pflanzen und Blütenfarben zu kombinieren! Oft kommen Zwiebelblumen sogar am besten zur Geltung, wenn man ein großes Gefäß mit nur einer oder zwei Sorten Tulpen bepflanzt und dieses vor dem Hintergrund eines blühenden Strauches in Szene setzt. Die beliebten Maiglöckchen *(Convallaria majalis)* zeigen sich von ihrer schönsten Seite, wenn man sie nur mit Moos oder Flechten kombiniert. Am schönsten finde ich mit Moos oder Flechten gepolsterte Schalen oder Terrakottatöpfchen, in denen die Maiglöckchen dicht an dicht gepflanzt werden. Dazu passen weiße Ranunkeln, die ebenfalls in mit Moos bedeckten Töpfchen gut gedeihen.

Osterkorb mit kleinen Narzissen

Auch die Vergesellschaftung von Gänseblümchen *(Bellis)* mit Zwiebelblumen kann man im Frühling oft sehen. Mir selber gefallen sie nicht – ihre plüschigen Blütenköpfe wirken mir zu gekünstelt. Außerdem ist der Wuchs ihrer Blattrosetten so dicht, dass sie sich nur schlecht in Arrangements einfügen lassen. Ich ziehe die wilden Gänseblümchen vor, ebenso wie ich die wilden Schlüsselblumen den gezüchteten Primeln allemal vorziehe. Zu Ostern grabe ich einige Gänseblümchen und Primeln aus der Wiese aus, um damit meine Frühlingskörbe auszufüllen. Schön dazu passen gelbe Narzissen, wobei ich jeweils die nicht zu hoch wachsende, früh blühende Sorte 'Tête à Tête' verwende. Wenn an den Gänseblümchen noch etwas Gras und Moos hängen bleibt, umso besser.

Oben: Kleine Narzissen und Hyazinthen.

Links: *Tulipa* 'Angelique' in blauem Gefäß, im Hintergrund blüht Rosmarin.

Rechts: Maiglöckchen kommen am besten zur Geltung, wenn man sie dicht an dicht in kleine Töpfe pflanzt.

Links: Wenn die Polsterpflanzen noch klein sind, eignen sie sich als Partner für Zwiebelblumen in Töpfen. Hier blüht *Aubrieta* 'Kitte' zu Füßen von *Narcissus* 'Tête à Tête'.

Rechts: *Viola cornuta* 'Eastgrove Blue scented': Ein Traum von einem Hornveilchen in romantischem Blau und mit zartem Duft.

Schmucke Blütenpolster

Auch Polsterpflanzen lassen sich im ersten Jahr in Töpfen ziehen. Blaukissen *(Aubrieta)*, Steinkraut *(Alyssum)* und Gänsekresse *(Arabis)* bilden nämlich nicht nur im Garten, sondern auch in Pflanzgefäßen eine prima Unterpflanzung für Zwiebelblumen. Geeignet sind außerdem Steinkraut *(Alyssum)*, Polsterphlox, Hornkraut *(Cerastium tomentosum)*, sowie polsterbildende Federnelken *(Dianthus plumarius)*. Nach einer, spätestens aber nach zwei Jahren werden sie aber zu groß. Dann pflanze ich sie in den Garten aus, wo sie mit den Jahren ihren prächtigen Blütenteppich über Böschungen und Mauern ergießen werden.

Zarte Frühjahrsdufter

Die kleine *Iris reticulata* bevorzugt gut durchlässige Erde und einen warmen Standort, sie gedeiht in Tonschalen und Steintrögen sehr gut. Am besten stellt man sie auf eine Mauer, wo man ihren zarten Duft wahrnehmen kann. Im Sommer brauchen sie allerdings eine trockene Ruhepause. Da die Stiele der Iris mit ihren eng anliegenden, schwertförmigen Blättern kahl wirken, sollte man sie unbedingt unterpflanzen. Blaukissen passen gut für Ton-in-Ton-Arrangements zu blauen Sorten und bilden einen schönen Kontrast zu gelben Sorten. Auch Hornveilchen oder Vergissmeinnicht passen dazu. Goldlack hingegen wäre schon zu hoch, er würde die zarten Iris erdrücken.

Ein Hoch auf die Hornveilchen

Hoch leben die Hornveilchen *(Viola cornuta)*, diese treuen, gutmütigen Begleiter, die zu allen Zwiebelblumen passen! Seit Jahren begleiten sie mich durch meine Gärten. Wo immer möglich, lasse ich sie auswildern und freue mich, wenn sie plötzlich zwischen dem Gemüse auftauchen, die Pfingstrosen beim Aufblühen begleiten, oder sich zwischen die jungen Triebe der Rosen schleichen. Selbst wenn ich keinen Garten zur Verfügung hatte, blühten auf einem Fenstersims oder beim Hauseingang stets einige Hornveilchen in Töpfen oder Körbchen. Sie sind die denkbar besten Partner für Narzissen und Tulpen. Inzwischen gibt es Züchtungen in vielen Farben. Fantastisch finde ich Miniviola 'Angel Tiger Eye', deren orangefarbenes Tigergesichtchen mit fein gezeichneten schwarzen Adern durchzogen ist, die an die Schnauzhaare von Raubkatzen erinnern. Dann gibt es unzählige Züchtungen in Blautönen, von Violett bis zu zartestem Hellblau. Die blauen Blüten wirken in Gefäßen sehr schön, auf dem Beet aber verlieren sie sich im Kontrast zur dunklen Erde. Sie in Töpfen zu ziehen, hat außerdem den Vorteil, dass ihre Gesichter bei Regenwetter sauber bleiben. Am allerliebsten mag ich die klassischen gelb-violetten Hornveilchen, die so lebhaft und fröhlich wirken, wie ihre wilden Verwandten, die Ackerveilchen. Auch Duftveilchen sind stets eine gute Wahl zu Frühlingsblühern. Sie passen insbesondere zu Schneeglöckchen, Wildtulpen oder kleinen Narzissen.

Getrennte Schlafzimmer

Vita Sackville-West und Harold Nicolson

Obwohl sie selten beide im selben Bett schliefen, waren sie ein starkes Paar: Die Schriftstellerin und Gärtnerin Vita Sackville-West und den Diplomaten und Politiker Sir Harold Nicolson verband eine tiefe Seelenverwandtschaft. Aber das hieß nicht, dass sie einander treu sein mussten. Die Stärke ihrer Beziehung lag vielmehr in ihrer Offenheit und gegenseitigen Toleranz. Und so überstand die Ehe von Vita Sackville-West und Harold Nicolson alle Turbulenzen eines aufregenden Lebens. Obwohl sie zwei Kinder hatten, pflegte er neben dem Familienleben seine homosexuellen Kontakte. Und sie hatte Liebesbeziehungen mit anderen Frauen, u.a. zu den Schriftstellerkolleginnen Virginia Woolf und Violet Trefusis. In ihrem Schlossgarten jedoch folgte Vita, die maßgeblich für die Bepflanzung des großen Grundstücks verantwortlich war, strikten Prinzipien. Berühmt wurde der weiße Garten von Sissinghurst. Unschuldig weiß, und nichts als weiß durfte es dort blühen. Vom National Trust in seiner ursprünglichen Pracht erhalten, ist Sissinghurst heute der meistbesuchte (und meistkopierte!) Garten Englands.

Bunte Hängepartien

Da kommt englische Sommerstimmung auf: An verzierten Haken baumeln über und über mit Blumen beladene Körbe, als blühende Wolken schweben sie über den Köpfen der Passanten. Sie wirken leicht und luftig, und je bunter sie bepflanzt sind, desto mehr bewundernde Blicke ziehen sie auf sich. Und aus den Fensterkästen quellen noch mehr Blumen, so dass manche Häuserfronten schier zu ertrinken scheinen im bunten Sommerblumenmeer.

Ein weiches Moosbeet für die Blumen

Der Hanging Basket besteht aus einem Drahtkorb mit 25 bis 35 Zentimeter Durchmesser. Neuerdings gibt es auch kegelförmige und aus Sisal oder Weide geflochtene Körbe, die ganz witzig aussehen. Ich finde die Drahtkörbe aber praktischer, da man sie auch von der Seite und von unten bepflanzen kann. So entstehen wahre Blütenkugeln. Traditionell wird der Hanging Basket mit Mooslappen ausgepolstert.

Damit die Körbe während des Bepflanzens nicht umfallen, stelle ich sie auf einen leeren Blumentopf. Als Erstes polstere ich sie mit dem Moos aus und lege dann einen Blumenuntersetzer aus Kunststoff auf den Korbboden. Hierin kann sich dann beim Gießen eine kleine Wasserreserve bilden. In einem Eimer mische ich dann gute Blumenerde mit Langzeitdünger, füge ein wasserspeicherndes Granulat zu und fülle den Korb zu einem Drittel.

Kleine Randpflanzen wie Lobelien, Zauberglöckchen und Petunien schiebe ich nun durch das Drahtgitter, bedecke sie mit Erde und drücke alles gut an. Dann folgt die nächste Schicht. Den Abschluss bilden eine große Pelargonie, Margerite oder Fuchsie in der Mitte und drei bis fünf größere Hängepflanzen wie Petunien oder Hängegeranien oder -fuchsien ringsherum. Nun muss man nur noch alles mit Erde auffüllen, gut andrücken und die Lücken mit Moos abdecken. Um den Korb gut zu durchnässen, taucht man ihn am besten ganz in einen Brunnen oder in eine Wanne und wartet, bis keine Luftblasen mehr aufsteigen.

Fröhliche Fensterkästen

Blumenampeln und Fensterkästen bepflanze ich mit demselben Substrat wie die Hanging Baskets. Hübsch sieht ein kleiner Kasten aus, wenn man eine Pelargonie in die Mitte und rechts und links davon je eine Petunie pflanzt. Bei einem größeren Kasten verwende ich zwei Pelargonien und drei Petunien, die ich abwechselnd pflanze. Zum Schluss fülle ich die Lücken mit Lobelien, und zwar kommen sie in den Vordergrund, so dass sie gut über den Rand des Kastens hinunterwachsen können.

Beim Bepflanzen von Fensterkästen kann man nach Herzenslust Farben miteinander kombinieren. Bunt bepflanzte Kästen sind echte Hingucker, während solche in dezenten Pastelltönen oft so

Links: Die weißen Impatiens hellen diese Ecke auf. Davor rankt der Hopfen (*Humulus lupus* 'Aureus') am Geländer hoch.

Oben rechts: In diesem prächtigen Fensterkasten gedeihen Pelargonien, Margeriten und Lobelien harmonisch miteinander.

unauffällig sind, dass die Körbe und Kästen kaum auffallen. Wichtig ist auch, darauf zu achten, dass sich die Blumen gut von der Fassade abheben. Weiße Pelargonien und Petunien kommen vor einer weißen Fassade nicht wirklich zur Geltung! Die klassischen roten Geranien sehen da gleich nach viel mehr aus. Eine Mischung aus rosaroten Geranien, violetten Petunien und gelbem Zweizahn *(Bidens)* wirkt dagegen mindestens doppelt so üppig, als wenn man dieselbe Anzahl weißer Blumen gewählt hätte. Vor grauen oder auch gelben Fassaden hingegen kommen weiße Blüten gut zur Geltung. Für düstere Ecken gibt es sogar nichts Besseres als weiße Impatiens und Begonien, die mit ihren Blüten Lichtpunkte in den Schatten zaubern.

Lang lebe Tante Petunia

Die mit Abstand beliebteste Pflanze für Hängekörbe ist die Petunie – auch wenn einem dabei zuerst die schreckliche Tante Petunia aus den Harry-Potter-Romanen in den Sinn kommt. Petunien gehören zu denjenigen Pflanzen, die einzeln nicht viel hermachen. In der Gruppe aber, und aus einiger Distanz besehen, sind sie muntere Stimmungsmacher. Und die Fernwirkung von Petunien sucht ihresgleichen!

Aufrechte Petunia-Hybriden wachsen buschig bis überhängend. Die ursprünglich aus Südamerika stammenden Nachtschattengewächse gibt es in allerlei Farben, sogar mehrfarbig. Die trichter- bis tellerförmigen Blüten der großen Kultivare sind etwas regenempfindlich, weshalb sie am allerbesten geschützt unter einem Vordach oder auf einem überdachten Balkon gedeihen. Einigermaßen regenfest sind die Sorten 'Multiflora' und 'Floribunda'.

Für die Bepflanzung von Körben sind die kleinblumigen Hängepetunien unentbehrlich. Sie sind wetterfest und gedeihen auch im Halbschatten. Da sie ausgesprochen starkwüchsig sind, sollte man sie nur mit anderen starkwüchsigen Pflanzen kombinieren. Wie alle Petunien haben sie einen hohen Wasserbedarf und müssen einmal wöchentlich gedüngt werden.

Vorsicht: Petunien mögen keinen Kalk. Wenn möglich, gieße ich sie darum stets mit Regenwasser.

Den Petunien sehr ähnlich sehen die Zauberglöckchen (*Calibrachoa*-Hybriden), von denen es hübsche Pastellfarben, insbesondere Orange- und Apricottöne gibt. Sie stellen ziemlich genau die gleichen Ansprüche wie Petunien und lassen sich daher bestens mit ihnen kombinieren.

Pelargonien und Surfinien können natürlich durch originellere Pflanzen ersetzt werden. Das Prinzip bleibt immer das gleiche: Eine größere, aufrechte Pflanze kommt in die Mitte, dann solche, die längere Triebe machen, darum herum beziehungsweise zu beiden Seiten setzen und am Schluss etwas Filigraneres einfügen, das die beiden Partner zu einem Ganzen verwebt. Dafür eignet sich nebst Lobelien hervorragend der gelbe Zweizahn *(Bidens ferulifolia)*. Husarenknöpfchen *(Sanvitalia procumbens)*, die zarten weißen Schneeflockenblumen *(Sutera diffusus)* oder Spanisches Gänseblümchen *(Erigeron karvinskianus)* passen ebenfalls gut in Hängekörbe.

Fiesling Mottenkönig

Als auffälliger Mittelpunkt eines bepflanzten Korbes oder Balkonkastens eignen sich neben Pelargonien vor allem Zwergmargeriten *(Hymenostemma paludosum)*. Ihre fröhlichen weißen Blüten mit der goldgelben Mitte lassen sich mit vielerlei Farben und Formen kombinieren. Besonders Blautöne sehen dazu gut aus, beispielsweise blaue Gänseblümchen *(Brachyscome iberidifolia)* oder Blaue Mauritius *(Convolvulus sabatius)*. Elegant wirken Arrangements, wenn man zwei blühende Sorten und Grünpflanzen wie rankendes Efeu oder den Mottenkönig *(Plectranthus forsteri)*, Zieroregano oder Gundermann zusammenfügt. Den unscheinbaren Mottenkönig darf man aber auf keinen Fall zusammen mit Aztekengold *(Sanvitalia speciosa)* in dasselbe Gefäß pflanzen. Der Mottenkönig würde das Aztekengold innerhalb kurzer Zeit zum Absterben bringen.

Oben: Die zarten Blüten von *Begonia boliviensis* eignen sich gut für eine schattige Balkonecke.

Unten links: In England verwandeln Blumenkörbe und Fensterkästen ganze Fassaden in ein buntes Blumenmeer.

Unten: Auch an sich düstere Schächte zwischen Häusern lassen sich mit Blumenkörben verwandeln. *Impatiens* kommen an schattigen Lagen bestens zurecht.

Zarte Elfen

Zart besaitete Pflänzchen mit kleinen Blumen verweben andere Partner zu einem harmonischen Ganzen. Ein origineller Vermittler zwischen Pelargonien und Petunien ist der zarte Elfenspiegel (*Nemesia*-Hybriden). Auch Elfensporn *(Diascia)* fügt sich mit seinem filigranen Blütenteppich hervorragend zwischen die größeren Blüten der Petunien. Farblich finde ich die pastellfarbenen Elfen besonders hübsch. Ich kombiniere am liebsten lachsfarbenen Elfenspiegel mit violetten Petunien.

Gute Füllpflanzen

Eisenkraut (*Verbena*-Hybriden) ist ein guter Partner zu allem Möglichen, seine zarten Blüten, die von Weiß über Rosa und Rot bis zu Blautönen reichen, fügen sich zwischen größere Blüten ein. Sie sind daher stets gern gesehene Gäste in sonnigen Hängekörben. Auch auf den Husarenknopf *(Sanvitalia procumbens)* in Gelb und Orange möchte ich nicht verzichten. Husarenknöpfe bilden dichte Blütenpolster. Die gelbe Sorte ist ein guter Füller zwischen roten Geranien. Die orangefarbenen passen zu violetten Petunien. Der Husarenknopf blüht am besten auf einem vollsonnigen Balkon.

Für schattige Fenstersimse oder die düsteren Schächte zwischen Häuserreihen eignen sich hingegen Fleißige Lieschen *(Impatiens)*, Begonien und Fuchsien. Efeu kommt ebenfalls mit wenig Sonne zurecht. Begonien haben am Rande bemerkt den fantastischen Vorteil, dass sie den Schnecken nicht schmecken!

Frohnaturen: Paare für den Balkon

Ich mag Balkone, besonders solche, die Ton in Ton gehalten sind – feuriges Rot oder sonniges Gelb, aber auch zarte Blau- und Weißtöne. Wenn man auf einem Balkon nicht mehr als zwei oder drei Blütenfarben mischt, lässt sich eine harmonische Stimmung schaffen. Weiß und Blau wirkt frisch und beruhigend. Rot und Weiß hat etwas Ländliches, ja Bodenständiges. Die Trikolore, Rot, Weiß, Blau, erinnert dagegen ans Meer. Dazu passen Seile, Bojen und Muscheln. Ein orientalisches Flair zaubern Violett, Orange und Magenta auf die Terrasse. Dazu gehören mit Pailletten bestickte Kissen, Tücher und orientalische Lämpchen. Gelb und Blau leuchtet wie die Sonne am blauen Sommerhimmel, und sorgt für gute Laune.

Gemeinsam unter einer Decke

Hat man sich erst einmal für die Farben entschieden, fällt die Auswahl der Pflanzen auch leichter. Für Spannung sorgen stets Kombinationen von größeren und kleineren Blüten. Beim Bepflanzen der Gefäße achte ich vor allem darauf, dass nur zusammen in einen Topf kommt, was auch dieselben Bedürfnisse in puncto Licht, Nahrung und Wasser hat. So kann man praktisch die ganze Palette der sonnenliebenden Einjährigen zusammen unter eine Decke pflanzen. Und alle Pflanzen, die den Halbschatten lieben, lassen sich ebenfalls zusammenpflanzen.

Getrennte Betten

Manche Pflanzen vertragen sich, so schön wie jede für sich ist, zusammen nur mit dem nötigen Abstand. Und das heißt: getrennte Schlafzimmer oder jedes Pflänzchen in seinen eigenen Topf pflanzen. Bekanntlich soll das auch bei menschlichen Paaren mitunter funktionieren. Insbesondere Minzen erhalten getrennte Betten. Schokokosmos und Minze, die klassische „After-Eight-Kombination", also unbedingt separat pflanzen. Auch Azaleen und Zitrusgewächse brauchen ein Bett für sich, da sie auf saures Substrat angewiesen sind. Kakteen wiederum pflanze ich grundsätzlich einzeln, da ihre Stacheln jegliche Nachbarn verletzen würden. Und außerdem brauchen sie viel weniger Wasser als die meisten anderen Pflanzen.

Links: Elfengleich schweben die Fuchsien über den weißen Petunien. Beide kommen im Halbschatten gut zurecht.

Rechts: Sukkulenten, Bidens, gelbe Petunien und Gräser zaubern sonnige Stimmung auf den Balkon.

Eingraben oder draufstellen?

Alles, was im Winter ins Haus geholt werden muss, gehört in separate Gefäße. Den Sommer über lassen sich Mittelmeerpflanzen mit anderen Gewächsen in Töpfen beliebig mischen, im Beet wäre dies nie möglich. Große Kübelpflanzen können dabei mit nicht zu starkwüchsigen Blumen unterpflanzt werden. Ein guter Zeitpunkt dafür ist nach dem Umtopfen der Kübelpflanze, wenn noch viel frische Erde im Topf ist. In meinem ersten Garten hatte ich eine schöne gelbe Azalee, die ich mit hellblauem Lerchensporn unterpflanzt hatte. So trocknete das Torfsubstrat nicht so schnell aus, und die beiden fühlten sich jahrelang wohl in ihrem großen gemeinsamen Topf.

Jedem seine eigene Nahrung

Vor meiner Haustüre steht ein Lorbeerbäumchen, das ich in den größten zur Verfügung stehenden Topf gepflanzt habe – denn in einem kleineren Gefäß würde der Wind es umreißen. In dem Topf ist genügend Erde, so dass ich im Frühling Primeln direkt ein-

Rechts: So entsteht eine ruhige Oase: Den Balkon mit Ton in Ton gehaltenen Petunien bepflanzen und diese mit Gräsern auflockern.

Unten links: Pelargonien und Nelken mögen es sonnig und gedeihen gut zusammen unter einer Decke.

BALKON-TRAUMPAARE

Duftend:
Edelwicken *(Latyrus odoratus)* mit Levkojen *(Matthiola incana)* unterpflanzen.

Ton in Ton:
Einen schönen Hintergrund für rosarote und weiße Geranien bildet *Salvia farinacea*. Die violettblauen Ähren lassen die helleren Farben erst richtig aufleuchten.

Trendy:
Buntnessel mit dem neuen, zungenbrecherischen lateinischen Namen *Solenostemon scutellarioides* – früher hieß sie einfach nur *Coleus*. Sie passt schick zu roten Geranien. Auch gelbe Blumen wie beispielsweise Tagetes lassen sich mit ihrem samtigen Laub aufpeppen.

Hoch hinaus:
Die beiden Balkonkletterer *Ipomoea tricolor* und *Ipomoea lobata* mit gelb-orangen Blütenrispen sind ein schnellwachsendes und attraktives Paar.

Hitzig:
Mandevilla *(Dipladenia)* kommt dank feuchtigkeitsspeichernden Wurzelknollen auch in größter Hitze mit wenig Gießen aus. Den Schlinger mit ebenfalls hitzeresistenten Mittagsblumen oder Portulakröschen unterpflanzen!

Gewagt:
Schwarzlaubige Buntnessel zusammen mit der zitronenfarbenen Petunie 'Sunshine'.

grabe. Im Sommer ersetze ich sie durch Petunien und Verbenen. Zu meinem Oleander stelle ich jedoch jeweils Töpfe mit Sommerblumen direkt auf die Erde, statt sie einzugraben. So muss ich den dichten Wurzelballen des Oleanders nicht verletzen, und er profitiert dennoch vom Gießwasser, das durch die kleinen Töpfe hindurchsickert und seine Erde länger feucht hält. Bei älteren Kübelpflanzen mit dichten Wurzelballen ist es stets von Vorteil, die Sommerblumen in ihren eigenen Töpfen auf die Erde zu stellen, sodass die Wurzeln nicht miteinander um Wasser und Nahrung konkurrieren müssen.

Nicht alles vollstellen

Derzeit habe ich zwei Balkone, zum Glück! So kann ich mit verschiedenen Farbstimmungen experimentieren. Auf dem oberen Balkon, der ganz in Holz gekleidet ist, pflanze ich lachsfarbene und weinrote Verbenen, dazu dunkellaubige Fuchsien und die neuen Fleißigen Lieschen in zarten Lachstönen. Dazu kommen ein Liegestuhl und ein Tischchen, auf dem außer einem in Beton gegossenen Buch mit einer Schnecke nichts stehen soll. Hier oben ist die Aussicht über die Felder nämlich so schön, dass ich gar nicht alles mit Blumen vollstellen will. Den Stuhl zum Tisch habe ich „ausgehöhlt", und seine Sitzfläche mit duftender Rasenkamille bepflanzt.

Gräser in die Töpfe

Der große untere Balkon hat einen Betonboden und ist baulich nicht besonders gemütlich. Also her mit den Blumen! Hier kann ich gar nicht genug pflanzen. In der Mitte steht ein antiker Blumenständer aus Gusseisen, den ich mit weißen und blauen Lobelien, violetten Petunien und einigen *Festuca-Glauca*-Gräsern bepflanze. Auch die blau glasierten Töpfe, die vor einigen Jahren groß in Mode waren und von denen ich noch etliche vorrätig habe, finden hier diskret ihren Platz. Bloß keine roten oder rosaroten Geranien in die blauen Töpfe pflanzen! Aber mit den hellgrünen und türkisfarbenen Sitzkissen und den weißen und blauen Blumen zusammen sind sie eigentlich ganz hübsch. Ich bepflanze sie mit den Gräsern, die ich im Garten nicht haben will und die meinem Mann so gut gefallen. Gräser sehen in Gefäßen meist elegant und gepflegt aus, während sie im Garten schnell einmal unordentlich wirken.

Hoch leben die Geranien!

Ich mag Geranien. Sowohl die natürlich wirkenden Storchenschnabel-Gewächse, die ich in den Staudenbeeten großzügig verwende, wie auch die Pelargonien. Besonders gefallen mir die klassischen roten Balkongeranien, jawohl! Tatsächlich ist es nicht die Schuld der Geranien, wenn sie als spießig gelten. Vielmehr hat das mit der Einfallslosigkeit zahlreicher Balkongärtner zu tun. Und mit den althergebrachten grauen Eternitkisten, wobei es auch von diesen inzwischen ansehnlichere Versionen gibt.

Frisches Grün dazu

Aber bleiben wir bei den Geranien. Zusammen mit frischen grünen Kräutern sehen sie einfach fantastisch aus. Rote Geranien mit Thymian zum Beispiel. Beide wollen außerdem einen warmen, sonnigen Standort. Auch Salbei passt und fühlt sich im selben Klima wohl. Ich mag besonders die gelblaubigen Sorten wie 'Kew Gold' zusammen mit roten Geranien. Salvien mit grau-violett-weiß meliertem Laub (*Salvia officinalis* 'Tricolor') sind gute Partner für rosarote oder weiße Geranien. Hübsch sieht auch das satte Grün der Petersilie aus, diese muss man an der Sonne jedoch sehr regelmäßig gießen. Rosmarin ist ebenfalls ein guter Partner für Geranien – zusammen zaubern sie Mittelmeerstimmung auf die Terrasse.

Weniger ist mehr

Das Problem mit den Geranien ist dasselbe wie mit den meisten anderen Blumen: Man sollte nicht zu viele Farben und Sorten durcheinandermischen. Am schönsten kommen sie zur Geltung, wenn man viele identische Stöcke hat, kombiniert mit einigen zarteren Begleitpflanzen. Schwachwüchsige Gräser passen ebenfalls zu Geranien. Ich habe aber auch schon die jungen Pflanzen einer Morgensternsegge *(Carex grayi)* mit Geranien kombiniert – im zweiten Jahr, wenn die Segge größer wird, bekommt sie dann ein eigenes Gefäß.

Links: Weiße Pelargonien und Margeriten zaubern zusammen mit Buchsbällen, Gräsern und Funkien Licht und Ruhe auf die Terrasse.

Rechts: Jedem sein eigenes Töpfchen: Pelargonien kommen in Terrakottagefäßen am besten zur Geltung.

Tief verwurzelte Liebe

Frida Kahlo und ihr Diego

Exotische Pflanzen, Blätter und Blüten ziehen sich als Motive durch das künstlerische Werk von Frida Kahlo. Dabei hat die mexikanische Malerin stets auch die Wurzeln gemalt und ihre surrealen Gewächse fest in der Erde verankert. Den Pflanzenzüchter Luther Burbank lässt sie auf einem hingebungsvollen Porträt aus einem Leichnam hervorwachsen. In ihren Selbstbildnissen verwendete sie Orchideen als Symbol für die Sexualität und die alles verzehrende Leidenschaft. Ohne die Liebe ihres Mannes Diego Rivera hätte sie ihr qualvolles Dasein nicht ertragen können, schrieb sie in ihr Tagebuch. Als junge Frau war Frida Kahlo bei einem Busunglück so schwer verletzt worden, dass sie nie mehr richtig gehen konnte. Von unerträglichen Schmerzen geplagt, beschäftigte sie sich in ihrem Werk oft mit dem Sterben und der Wiedergeburt. Ein Dornenzweig symbolisierte den Tod, und den wilden Akanthus malte sie als Symbol für das ewige Leben. Mit ihrem Mann lebte sie in der Casa Azul, einem kobaltblauen Haus mit einem von Palmen beschatteten Innenhof. In Töpfen wuchsen unzählige Sukkulenten und tropische Blumen. Diego Rivera, der mexikanische Kunst sammelte, bestückte den Garten ihrer Kindheit mit präkolumbianischen Skulpturen. Beide waren sie glühende Nationalisten, und der Feigenkaktus, der auch die mexikanische Flagge ziert, war ein weiteres wichtiges Motiv im Werk von Frida Kahlo.

Große Gefäße

Kleinere Balkone und Terrassen wirken oft großzügiger, wenn man einzelne stattliche Gefäße mit größeren Pflanzen verwendet. Zu viele kleine Töpfe wirken auf wenig Raum unruhig und machen eine kleine Ecke dadurch optisch noch kleiner. In großen Balkongefäßen sehen auch Pflanzen gut aus, die man normalerweise eher draußen verwenden würde.

Zu dritt ins Fass

Eine heiße Dreierkiste für ein großes Fass bilden Amaranth, Kosmee *(Cosmos sulphureus)* und die schwarzlaubige Buntnessel *(Coleus)*. Frech wirkt Amaranth mit orangefarbenen und gelben Ringelblumen – beide sind ganz einfach und günstig aus einer Samentüte zu ziehen.

Einen geheimnisvollen Touch erhält diese Mischung mit einer Spur Dunkelblau vom Gauchheil *(Anagallis)* oder Leberbalsam *(Ageratum)*. Für einen großen, tropisches Flair verbreitenden Korb verwende ich Schokokosmos, die man auch wie Dahlien ins Beet pflanzen kann. Doch ihre braune Farbe geht dort leicht unter. Viel besser kommen sie auf dem Balkon zur Geltung, wo man auch ihren zarten Schokoladenduft besser wahrnehmen kann. Dazu kombiniere ich orangefarbene und gelbe Canna.

Jedem seine Ansprüche

Auch Agaven und Palmen eignen sich für große Gefäße. Da sie viel weniger Wasser brauchen als Sommerblumen, sollte man sie aber separat pflanzen. Auch andere Pflanzen, die spezielle Ansprüche haben, bekommen ihr eigenes Gefäß. Insbesondere Rhododendren, Azaleen und auch Heidelbeeren, die alle saures Substrat brauchen, können ganz gut in einem halben Fass oder einem sehr großen Topf auf dem Balkon kultiviert werden. Ihre Wurzeln sind sehr fein, darum sollte man nichts dazupflanzen. Jedoch kann man kleinere Töpfe mit Kräutern oder Sommerblumen auf die Oberfläche stellen. So trocknet auch die Erde weniger schnell aus.

Rechts: Pelargonien, Stiefmütterchen, Lilie 'Mona Lisa' und *Allium* kommen in Töpfen bestens zurecht, und lassen sich nach Lust und Laune umordnen, sodass immer die Highlights im Vordergrund stehen.

Traumhafte Vasenpaare

Die Japaner machen es uns seit Jahrhunderten vor: Im Ikebana haben sie die Kunst, einzelne Blüten zu perfekten Ensembles oder Paaren zu arrangieren, vervollkommnet. Eine Päonie oder ein blühender Kirschzweig werden hier mit wenigen Handgriffen zu Stars. Chrysanthemen, Herbstanemonen oder eine Amaryllis schmücken zusammen mit einem einzigen Zweig oder einigen Grashalmen ganze Räume. Ein knorriger Ast, eine zarte Rose und eine kostbare Keramikschale werden zum ausgeklügelten Kunstwerk.

In einer Vase lassen sich natürlich auch solche Blumen vergesellschaften, die im Garten nicht zur selben Zeit blühen würden. Damit tun sich völlig neue Möglichkeiten auf. Eine Rose und ein blühender Kirschbaumzweig haben zusammen durchaus ihren eigenen Reiz!

Ikebana im Westen

Die allgemeinen Gestaltungsprinzipien der japanischen Blumenbindekunst lassen sich auch auf größere Sträuße im westlichen Stil übertragen. Beim Arrangieren von Blumen gilt es stets, etwas Harmonisches zu kreieren, das zugleich eine gewisse Spannung hat – zu gleichförmige Sträuße sind schlicht langweilig. Spannung erzeugt man einerseits durch Farbkontraste, vor allem aber durch unterschiedliche Blütenformen und -größen, Höhenstaffelung und Texturen. Eine einzelne rosafarbene Päonienblüte ist von der unschuldigen Schönheit einer Primaballerina. Zusammen mit filigranen Gräsern, die ihre geschwungenen Formen akzentuieren, oder mit einem gefiederten Farnblatt beginnt sie erst richtig zu tanzen.

Links: Praktisch alle englischen und nostalgischen Rosen lassen sich in der Vase miteinander zu romantischen Sträußchen kombinieren: Ausprobieren!

Ganz links: Dahlien eignen sich besonders gut für die Vase, da sie lange halten.

Eine Kamelienblüte allein wirkt flach und monochrom. Wenn noch einige ihrer glänzenden dunkelgrünen Blätter am Zweig sind, sieht sie gleich viel interessanter aus. Aus zwei unterschiedlich langen und belaubten Kamelienzweigen hingegen lassen sich harmonische Bilder gestalten. Die beiden Partner sehen umso interessanter aus, wenn an einem Zweig schon eine Blüte geöffnet ist, am andern aber erst Knospen stehen. Dasselbe gilt für Lilien. Sie wirken natürlich und voller Leben, wenn Zweige mit geöffneten Blüten und solche mit geschlossenen Knospen zusammen arrangiert werden. Anstelle einer großen Einzelblüte lässt sich für minimalistische Kompositionen auch ein einzelner Zierkohl verwenden, zu dem man filigrane Zweige oder Gräser kombiniert.

Tote und lebendige Materialien

Der Kontrast von toten und lebendigen Materialien ist im Ikebana von großer Bedeutung. Eine einzelne hellgrüne Chrysantheme oder eine Gerbera zusammen mit einem knorrigen Ast bilden ein traumhaftes Paar, das mit der saftigen Frühlingsfarbe der Blüte und dem braunen Holz an die Jahreszeiten und an die Vergänglichkeit gemahnt. Einzelne Orchideenblüten, Herbstanemonen oder der Blütenball einer Hortensie bilden interessante Kontraste zu Zweigen, Schilf oder Gräsern.

FÜR EIN LANGES LEBEN

- Nicht zu viele Farben und Sorten mischen. Zwei, maximal drei verschiedene Blumen zusammen genügen. Außer man bindet einen Strauß wie eine bunte Menschenmenge, eine Mischung von allem, was der Sommergarten hergibt.
- Gefäße wählen, die von Form, Farbe und den Größenproportionen her zum jeweiligen Blumenarrangement passen.
- Bei Gartenblumen stets die unteren zwei Drittel der Stiele vom Laub befreien – es würde im Wasser nur faulen. Außerdem welken Blumen schneller, wenn man zu viel Laub an den Stängeln belässt.
- Gekaufte Sträuße zu Hause stets neu anschneiden und in sauberes Wasser stellen. Auch die Vasen müssen sauber sein!
- Frischhaltemittel beigeben. Oder das Wasser jeden Tag wechseln! Habe ich kein Frischhaltemittel zur Hand, tun es auch ein Löffel 'Eau de Javel' und ein Löffel Zucker.
- Blumen auffrischen: Stängel neu anschneiden, Laub entfernen. Rosen und andere Blumen mit holzigen Stielen (an den Enden etwas flach klopfen und) in warmes Wasser stellen. Zartere Blumen kommen in zimmerwarmes Wasser.

Die Vase als Partner der Blumen

Blumenvasen sind viel mehr als nur Wasserbehälter. Gerade wenn man mit einzelnen Blüten und Blütenpaaren arbeitet, kommt ihnen eine wichtige gestalterische Bedeutung zu. Im Ikebana verschmelzen die Blumen und das Gefäß zu einem symbiotischen Paar. Eine große runde Blüte wirkt im Kontrast mit einer viereckigen Schale spannender. In runden Vasen kommen lange dünne Zweige, wie beispielsweise Gladiolen, gut zur Geltung. Eine bauchige Glasvase und eine einzelne Amaryllisblüte in derselben Farbe bilden ein eindrückliches Duo, und viel mehr als einige immergrüne Zweige sind nicht nötig zu ihrer Vervollkommnung. Thujen- oder Zypressenzweige sind flach und nicht zu mächtig. Sie eignen sich daher ideal zum Unterlegen von großen Blüten.

Zweige als Stützen

Auch Efeuranken, die in unterschiedlichen Längen aus der Vase herauswachsen, passen zu einer einzelnen Blüte. Um den Kontrast der Formen zu verstärken, suche ich dafür karge Efeuzweige mit kleinen Blättern. Stehen nur wenige Blüten zur Verfügung, peppe ich sie ebenfalls mit Efeu auf. So machen drei schöne rote Rosen schon ordentlich was her. Besser sind natürlich fünf oder sieben, und je länger die Stiele, desto großzügiger kann man das ganze Arrangement gestalten. Das satte Dunkelgrün der glänzenden Efeublätter kontrastiert fantastisch zu den roten Blüten. Außerdem wirken die Zweige als Stütze für die Blumen. Auch weiße Rosen oder Lilien kann man mit Efeu aufpeppen.

Die meisten Blumen lassen sich mit etwas Geschick und vermittelnden Materialien wie Laub, Zweigen oder Gräsern in der Vase miteinander kombinieren. Einige absolut unverträgliche Ausnahmen sollte man jedoch beherzigen: Narzissen stellt man nie mit anderen Blumen zusammen ein, da der aus ihren Stängeln austretende Saft die Partner rasch welken lässt.

Was nicht zusammengehört

Bei stark duftenden Blumen achte ich darauf, dass sie einander nicht gegenseitig übertrumpfen. Hyazinthen, Lilien, Maiglöckchen oder Freesien haben ein so ausgeprägtes Parfüm, dass man im selben Raum nur jeweils eine Sorte davon verwenden sollte. Auch Parfümrosen duften am besten, wenn niemand in der Umgebung seinen Duft dazugibt.

Links: Im Herbst geht es auch mal ganz ohne Blüten. Hagebutten und *Callicarpa* sind ein originelles Vasenpaar.

Rechts: Tulpen gehören zu den dankbarsten Schnittblumen. Die verschiedenen Sorten lassen sich nach Lust und Laune verkuppeln.

SCHLEMMER-KOMBINATIONEN

Dekorative Paare für die Küche

Im Küchengarten sind der Fantasie beim Kombinieren von Traumpaaren keine Grenzen gesetzt, hier schöpfen wir aus dem Vollen, wir degustieren frische Salatkombinationen, genießen Früchte und Gemüse mit dazu passenden Würzkräutern. Und natürlich dürfen im bunt gemischten Gemüsebeet auch die passenden Blumen nicht fehlen.

Endlich eigenes Gemüse!

So sehr ich meine Rosen und Stauden liebe, der wahre Luxus eines Gartens sind doch die Kräuter- und Gemüsebeete, die Obstbäume und der Beerengarten. Ich musste mich einige Jahre mit einem kleinen Garten bescheiden, und das traurigste dabei war, auf frische, selber gezogene Gemüse und Kräuter für die Küche zu verzichten. Noch lange, nachdem ich mein grünes Paradies im irischen Donegal verlassen hatte, geisterte dieser verwunschene Gemüsegarten mit der mannshohen Rhododendrenhecke im Hintergrund durch meinen Kopf. Oft dachte ich an den Liebstöckel, der in der feuchten, schwarzen Erde meterhoch und -breit geworden war, sah das Dickicht aus Stangenbohnen und kletternder Kapuzinerkresse im morgendlichen Gegenlicht vor mir, die stattlichen Palmkohlstrünke, den Rhabarber und den Meerkohl. Bis heute habe ich den Duft der frisch gepflückten Erdbeeren in der Nase, und der herbe Geruch des Tomatenlaubs im Gewächshaus ist noch nach drei Sommern so präsent, als hätte ich soeben die Glastür hinter mir geschlossen.

Damals, als ich meine Siebensachen in Kisten packte, begannen draußen die Rosenknospen Farbe anzunehmen und an den gesteckten Haselzweigen reckten sich die Triebe der Erbsen. Ich verließ mein grünes Paradies, als es seinen Zenit erreicht hatte: Die Azaleen und die Kamelien schulterhoch, die Rosen stattliche Büsche. Die Stämme der Papierbirken färbten sich in diesem Jahr weiß und ihr Laub zog sich wie ein zarter Vorhang vor die Bluestack Mountains.

Die größten Artischocken außerhalb Italiens

Der Spargel, um dessen Gedeihen ich jahrelang gerungen und dessentwegen ich schubkarrenweise Kies in die feuchte Erde geschaufelt hatte, schwoll zu dicken Trieben, die Schwertlilien blühten endlich. Und der Blaue Scheinmohn aus dem Himalaja erstrahlte blauer denn je. Ich streifte Blattläuse von den Breiten Bohnen, fuhr mit dem Finger über die pelzigen Blätter von *Rhododendron falconeri*.

Links: Ein Traum von einem Gemüsegarten – von allem ist ein bisschen da.

Oben links: Violette Erbsen schmecken nicht nur gut, sie sehen auch sehr dekorativ aus.

Oben rechts: Rosenkohl 'Rubine' fällt mit seiner dunkelvioletten Farbe auf. Er schmeckt ebenso gut wie grüne Sorten.

Ein letztes Mal ließ ich die dunkle Erde durch meine Hände rieseln, diesen Humus, der mir so viel bedeutet hatte, in dem die wohl größten Artischocken außerhalb Italiens gediehen, der Stockrosen, Kräuter und Kamelien dem Himmel entgegenwachsen ließ. Ich naschte vom japanischen Senf, probierte die ersten Zuckererbsen. Ich überprüfte die Stützen der Rittersporne, wollte vermeiden, dass die Rabatten gleich in sich zusammenstürzten, sobald ich ihnen den Rücken zuwandte. Die gemischten Staudenbeete zeigten sich von ihrer besten Seite: der Türkenmohn, die Storchenschnäbel, die Lupinen, die Tränenden Herzen, alles, alles blühte in den Tagen vor meiner Abreise. Ich sah die Pracht als ein letztes Auftrumpfen, und es kam mir vor, als wüssten die Pflanzen, dass ich im Begriff war, sie zu verlassen. Es war, als versuchten sie, mich mit all ihren Kräften noch in letzter Minute umzustimmen.

Von allem nur das Beste

Keine großen Blumenbeete und nur provisorische Plätzchen für meine Rosen zu haben, das konnte ich noch einigermaßen verschmerzen. Schließlich kann man auch schöne Blumen kaufen und sich mit Sträußen trösten. Meine liebsten Rosen haben in einem kleinen, provisorischen Garten am Bielersee Zuflucht gefunden. Ein wenig Gemüse habe ich dort auch ziehen können, aber der Platz war so knapp bemessen, dass ich von allem nur ein bisschen anbauen konnte. Die wenigen Kräuter und Salate, die Zucchini, Krautstiele, Tomaten und Erbsen, die ich dem kargen Streifen Erde zwischen See und Bahngleis abrang, reichten gerade, um Appetit auf mehr zu machen. Wer einmal den Unterschied zwischen frischen, selber gezogenen Karotten und gekauften geschmeckt hat, wer sich sonnenwarme Erdbeeren direkt von der Staude in den Mund gesteckt oder mit gartenfrischem Basilikum gekocht hat, der wird mit gekaufter Ware einfach nicht mehr glücklich werden.

Eigenes Gemüse ist, wenn man erst einmal auf den Geschmack gekommen ist, absolut unentbehrlich. Dagegen kommt keine Tiefkühltruhe, kein Restaurant und kein noch so guter Wochenmarkt an. Denn nebst der Frische ist es auch das Erfolgserlebnis, die pure Freude, etwas zu ernten, das man selber gezogen hat. Und die Auswahl der Sorten ist natürlich riesig, wenn man sein Gemüse selber anbaut. Ich bestelle mir jeweils Kataloge aus verschiedenen Ländern. Bei den Salaten haben die Italiener eine fantastische Auswahl, während man bei den Franzosen die feinsten Karotten und seltene Kartoffelsorten findet. Aus England kommen Wildkräuter und exotische Kuriositäten, die bei uns längst vergessen sind.

Besser Unkraut als gar nichts

Nach drei Jahren mit improvisierten Notlösungen habe ich endlich wieder einen großen Garten zur Verfügung. Im ersten Frühling musste ich mich zwar darauf beschränken, Giersch und Löwenzahn zu pflücken, aber das war allemal besser, als den Salat kaufen zu müssen. Wo Unkraut wächst, ist der Boden fruchtbar, und ich wusste, bald würden hier auch meine Lieblingsgemüse gedeihen. Und immerhin aßen wir nun wieder, was auf unserem Land gewachsen war.

Bei der Neuanlage des Gartens hatte der Küchengarten natürlich erste Priorität. Noch bevor ich auch nur über die Staudenbeete nachdachte oder Rosen bestellte, plante ich den Küchengarten. Groß sollte er sein, sonnig, und vor allem auch dekorativ. Schnell war klar, dass dafür nur das beste Stück unseres Landes infrage kam, ein dreieckiges Grundstück direkt vor dem Haus. Der Küchengarten würde sozusagen das Prunkstück unseres Gartens werden, und daraus folgte auch, dass wir nicht einfach nur Kohl und Salat in ordentlichen Reihen anbauen, sondern auch Blumen und vor allem dekoratives Gemüse ziehen würden.

Der Küchengarten nimmt Form an

Tannen wurden gefällt, der Bagger kam. Tagelang entfernten wir Steine und alte Wurzeln. Wir flochten einen lebendigen Weidenzaun, setzten Randsteine und legten einen Kiesweg an. Und dann ging es los, ein unberührtes Feld frisch umgegrabener Erde lag vor mir, was für ein Vergnügen! Glücklich wie schon lange nicht mehr, pflanzte ich die ersten Kartoffeln und buddelte Löcher für den Rhabarber. Dann erfüllte ich mir einen lange gehegten Traum und legte ein ordentlich großes Spargelbeet an. Schon bald wuchsen die ersten Schnittsalate, die Kerne der breiten Bohnen schwollen an, und an den aufgebundenen Ruten der Vorgänger reiften die ersten Himbeeren. Täglich nach dem Abendessen mache ich meine Runde, gieße die Karotten, die nur regelmäßige Wurzeln bilden, wenn sie nie austrocknen. Ich sammelte Schnecken und die Raupen der Kohlweißlinge ein, band die Stangenbohnen auf, zupfte Unkraut aus und freute mich zu sehen, wie nun alles wieder Form annahm.

Links: Blühende Erbsen sind eine Freude für das Auge. Die jungen Triebspitzen lassen sich als leckere Salatbeigaben ernten.

Rechts: Feuerbohnen, hier die Sorte 'Streamline', wurden ursprünglich als Zierpflanzen gezogen. Erst später merkte man, dass sie auch gut schmecken.

Mischkultur: Was zusammen gedeiht

Wenn wir von Gemüse reden, reden wir immer auch von der Küche. Wer gerne im Gemüsegarten arbeitet, hat meist auch Spaß am Kochen und am Essen. In den letzten Jahren entdeckten immer mehr Leute die Vorteile, die selber gezogenes Gemüse mit sich bringt, und besonders die jüngere Generation begeistert sich dafür, eigene Kräuter, Früchte und Gemüse anzubauen. In England, wo noch immer die Gartentrends gesetzt werden, vermelden die Saatgutfirmen inzwischen, dass sich unter den Bestsellern mehr Gemüse- als Blumensamen befinden! Und die Nachfrage nach Saatgut für den Küchengarten steigt weiter. Das Bewusstsein über die Umweltverschmutzung einerseits und gesundheitliche Bedenken wegen Pestizidrückständen andererseits ist mit ein Grund dafür. Der andere, nicht minder wichtige Grund ist das schlichte Vergnügen, das es bereitet, etwas Eigenes zu ziehen. Was wir essen, verbindet uns mit der Erde, und was auf unserem Teller liegt, ist stets auch ein wichtiger Teil unserer Identität und unseres kulturellen Verständnisses. Gärtnern hilft, im sprichwörtlichen wie im übertragenen Sinn, uns zu verwurzeln. Gerade wer wenig Zeit hat und sich stets gestresst fühlt, sollte es einmal ausprobieren. Wenn man nur mal zwischendurch eine Stunde draußen arbeitet, wird man gelassener und optimistischer. Besonders mit Kräutern und Salaten hat man jeden Tag seine kleinen Erfolgserlebnisse, und wenn die Schnecken den schönsten Kopfsalat angefressen haben, freue ich mich halt darüber, dass die Ringelblumen daneben ungerührt weiterblühen.

Auf gute Nachbarschaft

Wenn ich im Frühling Gemüsesamen aussuche und den Anbau für die Saison plane, habe ich dabei stets die Frage im Hinterkopf, was zusammen auf den Teller passt. Aber erst einmal müssen die leckeren Salate, die Gemüse und Kräuter wachsen. Ich überlege mir, was im Garten gut nebeneinander gedeiht. Oft ist es nicht dasselbe, was wir dann zusammen essen. Salat und Kartoffeln zum Beispiel. Es ist

Links: Ein erhöhtes Gemüsebeet.

Oben links: Bei den Kohlarten sind die Grenzen zwischen Zierpflanzen und solchen für die Küche fließend. Im Prinzip sind sie alle genießbar.

Oben rechts: Schwarzer Palmkohl 'Nero di Toscana' und zwergwüchsige Feuerbohnen 'Hammond's Dwarf' sind ein traumhaftes Gemüsepaar.

eines der einfachsten Gerichte, aber im Frühsommer mag ich nichts lieber als Frühkartoffeln mit einer Schüssel frischem Blattsalat und einigen Radieschen dazu. Nun vertragen sich aber Kartoffeln und Salat auf dem Beet überhaupt nicht miteinander. Und Radieschen, wie auch alle anderen Wurzelgemüse, pflanzt man sowieso nicht neben Kartoffeln. Alles, was seine Kraft im Boden konzentriert, würde sich nur Konkurrenz machen! Auch Salat und Petersilie wollen nicht nebeneinander wachsen.

Im Zweifelsfall einfach ausprobieren

Gurken und Tomaten, ein anderes klassisches Duo für die Salatschüssel, habe ich schon beide im selben Gewächshaus gezogen, ideal ist das aber nicht. Tomaten mögen es heiß und ihr Laub verträgt keine Feuchtigkeit, weil es rasch fault. Die Gurken hingegen ziehen feuchtwarmes Klima vor, und wenn es zu heiß und trocken wird, welken ihre großen Blätter.

Nun mag das gerade für Gartenneulinge alles furchtbar kompliziert klingen. Erst einmal gilt es aber auszuprobieren! Im Zweifelsfall pflanze ich einfach alles schön bunt durcheinander – Kräuter, Blumen, Gemüse und Salate, einfach alles wild gemischt. Sämtlichen ausgeklügelten Theorien zum Trotz, das funktioniert auch. Hauptsache, man pflanzt nicht jahrelang immer dasselbe an die gleiche Stelle und natürlich nicht zu viel vom selben nebeneinander. Denn für die Schädlinge gibt es keine einfachere Beute als eine ordentliche Reihe Kohlköpfe oder Salate, die schön aufgereiht wie im Supermarkt, einer neben dem anderen, zum Anfressen parat stehen. Das ist umso wichtiger, als die immer milder werdenden Winter dazu führen, dass nun viel mehr Schädlinge überleben als früher.

Wenn das Klima verrückt spielt

Feine Netze helfen bei Kohl, Rettich, Karotten, Lauch und Zwiebeln, schädliche Fliegen und Käfer abzuwehren. Man zieht die Netze locker über die Beete und beschwert sie am Rand mit Steinen. Paradox verhält es sich jedoch mit den Blattläusen. Ihre Eier brauchen niedrige Temperaturen, um sich zu entwickeln. Nach einem milden Winter gibt es darum erst einmal weniger Blattläuse. In der Folge verhungern Marienkäfer und Schwebefliegen mangels Beute, sie sind die wichtigsten natürlichen Feinde der Blattläuse. Die wenigen geschlüpften Blattläuse vermehren sich nun ungestört und nehmen erst recht überhand. Bis sich die Marienkäferpopulation wieder erholt hat, greife ich auf ein altes Hausmittel zurück: Wasser mit Spülmittel und einen Schwamm. Damit lassen sich die Plagegeister wegwischen, und die Blätter werden vom Spülmittel so glitschig, dass sie nicht so schnell wiederkommen.

Vielfalt statt Einfalt

Da unser Wetter immer öfter verrückt spielt und in der Folge das biologische Gleichgewicht durcheinander gerät, weiß man mitunter nicht mehr, was man im Garten tun und lassen soll. In dieser Situation halte ich mich umso mehr an die Prinzipien der Mischkultur. Denn diese gelten bei jedem Wetter. Man kann beträchtliche Erfolge erzielen, wenn man sich auf das traditionelle Wissen um die Mischkultur zurückbesinnt.

Das Prinzip ist einfach: Alle Pflanzen, die sich über und unter der Erde ergänzen und deren Blätter, Früchte und Wurzeln sich nicht gegenseitig behindern, können in einem Beet kombiniert werden. Auch diejenigen Pflanzen, die unterschiedliche Nährstoffbedürfnisse haben, werden miteinander kombiniert. Neben Starkzehrern wie beispielsweise Kohl pflanzt man Sorten wie Spinat oder Kopfsalat, die nur wenig Nahrung brauchen. Tiefwurzler werden dabei stets mit Flachwurzlern kombiniert. So ermüdet der Boden weniger schnell. Aber die Pflanzen „helfen" sich auch noch auf andere Weise untereinander. So intensivieren manche Kräuter den Geschmack der Gemüsepflanzen, neben denen sie wachsen, und helfen außerdem, Schädlinge und Krankheiten abzuwehren.

Jeden Quadratzentimeter nutzen

Langsam wachsende Gemüse kombiniere ich stets mit schnell wachsenden Saaten, so ist gewährleistet, dass möglichst jeder Flecken Erde im Gemüsebeet genutzt ist. Das hat auch den Vorteil, dass weniger Unkraut wächst, die Erde vor Erosion geschützt ist und das Wasser nicht so schnell verdunstet. Dort, wo ich meine Kartoffeln gepflanzt habe, säe ich noch Kresse oder Salatrauke, die längst geerntet sind, bis das Laub der Kartoffeln aus der Erde stößt. Unter die Setzlinge von langsam wachsendem Gemüse wie Rosenkohl, Schwarzwurzeln oder Lauch säe ich Radieschen und Schnittsalate. So lässt sich der vorhandene Platz im Beet optimal nutzen. Wer sein Gemüse in Reihen zieht, kann dieses Prinzip ebenfalls nutzen und zwischen die Reihen von Kohl, Zwiebeln, Lauch oder auch unter die Tomaten noch Salatrauke, Radieschen und essbare Blüten wie Ringelblumen oder Estragon und Tagetes säen. Salat- und Kohlsetzlinge lassen sich im Schachbrettmuster anordnen und dabei relativ dicht nebeneinander pflanzen. Auch ein Schachbrettbeet mit Salaten, Zwiebeln oder Lauch sieht originell aus. Die Salatköpfe werden geerntet, wenn Kohl oder Zwiebeln mehr Platz zum Wachsen brauchen. Alternativ kann man die Zwiebeln blühen lassen, was ein witziger Hingucker ist. Zwischen die jungen Maispflanzen kann man Karotten oder Rote Bete säen. Auch Kletterbohnen, die an einem pyramidenförmigen Gerüst wachsen, sowie Kürbisse oder Zucchini können in der ersten Wachstumsphase noch mit Salaten unterpflanzt werden, die man erntet, bevor das Blätterdickicht der rankenden Pflanzen alles Licht verschlingt.

GUTE PARTNER

- Basilikum neben Tomaten und Kohl hilft gegen Mehltau.
- Bohnenkraut neben Bohnen fördert Wachstum und Aroma und vertreibt Läuse.
- Kümmel hilft anderen Pflanzen, kräftiger zu wachsen und ein besseres Aroma zu entwickeln. Besonders gut gedeihen Kartoffeln, Kohl und Gurken, wenn sie von Kümmel begleitet werden.
- Tomaten schmecken besser, wenn man sie mit Petersilie unterpflanzt.
- Borretsch passt zwischen Erdbeeren.
- Tagetes riechen so penetrant, dass sie die Kohlweißlinge und Möhrenfliegen von ihrer Beute ablenken.
- Ringelblumen neben Kohl und Kartoffeln helfen gegen Drahtwürmer.
- Tagetes vertreibt die weißen Fliegen.
- Rettich neben Lauch vertreibt die Lauchmotte.
- Dill fördert die Keimfähigkeit von Möhren, sein Geruch hält Schädlinge fern.
- Knoblauch hält Schädlinge von Erdbeeren, Himbeeren und Obstbäumen fern.

Rechts: Mischkultur bietet auch etwas fürs Auge. Hier wächst *Tagetes erecta* mit Eichblattsalat, Basilikum und violettem Shisokraut.

Augen- und Gaumenschmaus

Gescheckte Lattichblätter, silbrig-gezacktes Artischockenlaub, rote Bohnenblüten und sonnengelb leuchtende Zucchiniblüten bringen Farbe in den Küchengarten. Etliche Gemüsesorten sind gar so dekorativ, dass sie vielerorts den Weg in die Blumenbeete und Staudenrabatten gefunden haben. Da Gemüse vor allem durch dekoratives Laub hervortritt, lässt es sich gut mit auffälligen Blumen wie zum Beispiel Dahlien, Rudbeckien oder Gladiolen kombinieren.

Violetter Federkohl sowie der trendige schwarze Palmkohl aus der Toskana sehen in Kombination mit Kapuzinerkresse und Ringelblumen fantastisch aus. Außerdem helfen sowohl Ringelblumen wie Tagetes, den Boden gesund zu halten.

Rhabarber mit seinen riesigen Blättern ist eine beeindruckende Erscheinung. Besonders schön ist Erdbeerrhabarber, der leuchtend rote Stängel hat. Ich habe drei von ihnen in der vordersten Ecke des neuen Gemüsegartens gepflanzt, wo sie mit den Jahren zu einem einzigen großen Gebilde verwachsen werden und dann ein wirkungsvoller Hingucker sind. Sobald sie sich gut eingelebt haben, werde ich ihnen zu Füßen Kapuzinerkresse säen, die mit ihren zitronengelben bis orangefarbenen und dunkelroten Blüten ihr Laub und die leuchtenden Stängel noch besser zur Geltung bringt.

Edles Silber und Weiß

Zucchini schätze ich wegen ihres Blattwerks, das besonders bei gelben Sorten fantastische Muster aufweist. Auch die Früchte sind ein Blickfang. Besonders schön finde ich sie vor einem Beet mit roten Krautstielen. Das ist Lebensfreude pur! Überhaupt dürfen Krautstiele in keinem Küchengarten fehlen, und seit einigen Jahren tauchen sie auch immer öfter in Staudenbeeten auf, wo sie mit ihren bunten Stängeln, die von Weiß über Rosa bis zu Gelb und Rot reichen, prima zu den Sommerblühern passen.

Artischocken und Kardy mit ihren großen, dramatisch gezackten, silberfarbigen Blättern sind ein edler Augenschmaus, der seinesgleichen sucht. Sie sind so schön, dass ich sie auch in die Staudenbeete pflanze. Dazu passen besonders weiße Rosen, die sich bestens mit dem silbrigen Laub ergänzen. Die Blüten der Artischocken halten viele Wochen lang, so man sie nicht erntet. Gekocht und mit einer selber gemachten Estragon-Mayonnaise angerichtet, sind sie aber auch eine Delikatesse. Die Blüten der Kardy sehen ähnlich aus, sind aber kleiner. Ich lasse sie gerne bis in den Winter hinein stehen, weil sie auch in verblühtem Zustand noch sehr hübsch sind. Besonders dekorativ zu Artischocken und Kardy ist der weiß blühende Meerkohl *(Crambe maritima)* mit seinem ebenfalls silbrigen Laub.

Links: Die hellblauen Blütensterne des Borretsch harmonieren mit dem Violett des Blaukohls.

Unten: Der Meerkohl *(Crambe maritima)* wird in England wie Rhabarber geerntet. Die Stiele schmecken spargelähnlich.

Beschauliche Zweisamkeit

Emil und Ada Nolde

Zeit seines Lebens hatte er die Öffentlichkeit gescheut und sich bewusst vom Kunstbetrieb ferngehalten. Dabei war Emil Nolde einer der bedeutendsten Vertreter des deutschen Expressionismus gewesen. Während des Zweiten Weltkriegs mit einem Malverbot belegt, schuf der Expressionist über tausend kleine Blumenaquarelle, die er als seine „ungemalten Bilder" bezeichnete. Nach dem Krieg übertrug er einen Teil von ihnen in Öl. Trotz seiner neu gewonnenen künstlerischen Freiheit stellte Nolde sein Werk nur ungern und selten aus. Statt sich auf Vernissagen zu zeigen, zog er es vor, zusammen mit seiner Frau Ada im Garten zu arbeiten, den das Ehepaar mit viel Mühen einem kargen Feld auf Seebüll abgerungen hatte. Ihr Grundstück bepflanzten die beiden mit einer bunten Mischung aus Blumen und Gemüse, wobei ihre beiden Initialen, ein A und ein E, sich durch die ganze Anlage zogen. Jedoch waren die Buchstaben so sehr in der bunten Pracht der überbordenden Rabatten eingewachsen, dass nur eingeweihte Besucher dieses Zeichen der Liebe und des gemeinsamen Respekts erkennen konnten.

Wiedergefundene Schönheiten

Rote Melde ist ein längst vergessenes Gemüse, das sehr leicht wächst und sich auch versamt. Das ist nicht weiter schlimm, denn die dunkelroten Blätter sind sehr hübsch und fügen sich gut zwischen andere Gemüse ein. Sehr dekorativ ist Rote Melde auch als Unterpflanzung zu Sonnenblumen, die wegen ihrer leckeren Kerne eigentlich in keinem Küchengarten fehlen sollten. Die Grüne Melde würde ich hingegen nicht aussäen, sie schmeckt zwar wie Spinat gekocht auch ganz gut, aber sie breitet sich überall aus.

Charmanter Riese

Zauberhaft schönes Laub hat *Chenopodium giganteum*, der Riesen-Baumspinat. Seine violett-grauen Blätter sind von einem leuchtenden, magentafarbenen Staub bedeckt, der in der Sonne metallisch schimmert. Und wie schon der Name verrät, wird die Pflanze ordentlich groß. In meinem irischen Garten hat der Riesenspinat Schulterhöhe erreicht. Ganz fantastisch sieht er aus, wenn man ihn vor Topinambur pflanzt, der seinerseits mit seinem sonnenblumenähnlichen Blüten gut mannshoch wird. Aber Achtung: Topinambur wächst wie verrückt, und wenn man im Herbst nicht alle, aber auch wirklich alle Wurzelknollen erntet, hat man ihn im nächsten Jahr überall. Aus diesem Grund habe ich meinen Topinambur nun in einer Ecke bei der Vogelvoliere gepflanzt, von wo aus er sich nicht weiter ausbreiten kann.

Spargelerbse und Luftradieschen

Wer starke Farben liebt, sollte auch die Rote Bete in Betracht ziehen. In England ist die Sorte 'Bulls Blood' beliebt, die glänzendes burgunderrotes Laub aufweist. Sie bildet einen sehr schönen Kontrast zu knackigen hellgrünen Kopfsalaten! Die italienische Rote-Bete-Sorte 'Chioggia' zeigt sich dagegen erst auf dem Teller von ihrer schönsten Seite. Ihre Knollen sind innen nämlich rot-weiß gestreift!

Eine sehr hübsche und schmackhafte Spezialität ist die Spargelerbse, die man ebenfalls in England suchen muss. Sie bildet auffällige schwarz-rote Blüten, aus denen sich dann essbare Hülsen entwickeln, die aussehen wie Erbsen, aber eher nach Spargel schmecken. Auch der Erdbeerspinat ist eine witzige Kombination aus zwei bekannten Gewächsen. Die kleinen Blätter sind spinatartig, die Früchte sehen jedoch aus wie Erdbeeren – und sind ebenfalls essbar. Für Gesprächsstoff am Gartenzaun sorgen außerdem die Luftradieschen. Sie werden gut einen Meter hoch und bilden statt unterirdischer Radieschen knackige Samenschoten, die sich für Apéritifs eignen und statt Rettich auch zu Wurst und Bier ganz gut schmecken.

Links: Gänsefuß *(Chenopodium)* wird wie Spinat gekocht. Aber aufgepasst – er versamt sich leicht. Die Sorte 'Magentaspree' hat rosarot schimmernde Triebspitzen.

Oben links: Bis der Mais größer ist, sind die Lollosalate und der Zuckerhut längst geerntet.

Oben rechts: Grüne und rote Salate sehen zusammen dekorativ aus. Dahinter gedeihen Sellerie und Tagetes.

Einfach schöne Salatpaare

Etwas vom Einfachsten und zugleich Schönsten, was man im Garten ziehen kann, sind aber schlichtweg die Salate. Klassische Paare, die sowohl auf dem Beet wie in der Salatschüssel Appetit machen, sind rote und grüne Lollosalate. Etwas originelleres Rot und Grün bieten Eichblatt, Römersalat, Amerikanischer Brauner, Forellensalat oder eine Mischung aus roten und grünen Kopfsalaten, von denen im Handel unzählige Sorten angeboten werden. Das Prinzip ist immer dasselbe: Zwei Farben derselben Sorten bringen einander besser zur Geltung. Außerdem wachsen sie gleich schnell und haben dieselben Bedürfnisse, sodass sich der Aufwand in Grenzen hält.

Fertig aus der Tüte

Salat kann man leicht selber säen, aber wenn die Zeit dafür mal grad nicht reicht, ist es auch legitim, Pflanzen auf dem Markt oder in der Gärtnerei zu kaufen. In Biogärtnereien und auf Gartenmärkten findet man eine große Anzahl verschiedener Sorten.

Im Frühling kommen die italienische Rosettenzichorie *(Grumolo verde)* und der bittere *Cicorino rosso* zum Zug. Man sät sie im Sommer, und im Herbst schneidet man die Blätter fünf Zentimeter über dem Boden ab und bedeckt die Herzblätter.

Und dann gibt es auch die fertigen Samenmischungen der Pflücksalate, die besonders für ungeduldige Gärtner und vielbeschäftigte Menschen der Hit sind. Man sät sie aus, und bereits wenige Wochen später kann man mit der Schere erste frische Blätter ernten. Das Praktische an diesen Schnittsalaten ist, dass sie mehrmals nachwachsen und man immer wieder eine Handvoll ernten kann. Beliebt sind Mischungen aus italienischen Salatblättern, die meist nebst Rucola auch Basilikum und Chicorée enthalten. Temperamentvoll würzig kommen die Asia-Mischungen daher, die aus japanischem Senf, Mizuna, Mibuna und anderen Salatblättern aus der Familie der Kohlgewächse zusammengestellt werden. Wie die meisten Kohlgewächse haben sie den Vorteil, dass sie einiges an Kälte vertragen. Meist überstehen sie sogar etwas Frost und sind darum eine perfekte Zweitsaat für den Spätsommer – in einem milden Jahr habe ich schon mal bis in den Januar hinein japanische Schnittsalate ernten können.

ΕΛΙΕΣ
OLIVE NERE SELEZIONATE
ELIANA
ΕΛΙΕΣ ΔΙΑΛΕΚΤΕΣ ΜΑΥΡΕΣ
ΕΛΙΑΝΑ
BELLE

Der Gemüsegarten auf Balkonien

Je weniger Platz man zur Verfügung hat, desto strenger muss man wählen. Darum lautet mein erstes Kriterium für kulinarische Terrassengärten: Nur das ziehen, was man auch gerne isst! Für mich kommen da an erster Stelle erst einmal Tomaten und Erdbeeren. Buschige Tomatensorten kann man in Hängekörben ziehen, besonders praktisch, wenn es an Raum fehlt. Am Stängel einer großen Tomatenstaude im Pflanzgefäß lasse ich gerne eine Schwarzäugige Susanne hochwachsen. Sie hat hübsche Blüten und nur wenig Laub, sodass die Tomate darunter noch atmen kann und den Früchten genug Sonne zum Reifen bleibt. Und natürlich darf Basilikum auf dem Balkon nicht fehlen, er braucht nicht viel Platz und ist für die Küche wirklich unentbehrlich. Auch Erbsen liebe ich über alles, aber ich hatte damit bisher in Gefäßen wenig Erfolg. Besser gedeihen Feuerbohnen auf dem Balkon, die mit ihren roten Blüten auch einen hübschen Blickfang bieten. Sie brauchen tiefe, große Gefäße und müssen regelmäßig gegossen werden. Zu Feuerbohnen sehen blau blühende Trichterwinden *(Ipomoea)* fantastisch aus. Auch Karotten wachsen erstaunlich gut in Töpfen. Ich kombiniere sie gerne mit blühendem Lein, der etwas schneller wächst als die leckeren Spätzünder.

Violett angehauchte Schönheit

Wenn man auf Balkonien Gemüsesorten ziehen möchte, dann solche, die nicht nur gut schmecken, sondern die auch mindestens ebenso gut aussehen! Sogar Zucchini gedeihen in ausreichend großen Gefäßen mit schwerem Substrat. Dazu passen einige orangefarbene oder rote Kapuzinerkressen, deren würzig-pfeffrige Blätter eine willkommene Abwechslung für Salate bieten. Auberginen kommen mit praller Sonne bestens zurecht. Ihre sehr schönen violetten Blüten und das violett angehauchte Laub sind äußerst dekorativ. So richtig zum Leuchten bringt man Auberginenpflanzen, wenn sie mit Ringelblumen kombiniert werden. Auch Artischocken habe ich schon in Kübeln gezogen, die übrigens zusammen mit weißen Geranien äußerst schick aussehen.

Noch etwas: Man sollte sich bei der Auswahl für Balkonpflanzen auf Sorten beschränken, die man nicht auf dem Markt kaufen kann, und auf Gemüse oder Kräuter, die frisch einfach besser schmecken. Größere Mengen lagerfähiges Gemüse wie Zwiebeln oder Kartoffeln kann man problemlos im Supermarkt besorgen –

Oben: Thymian, Majoran, Petersilie und Rosmarin fühlen sich auch im Topfgarten wohl.

Links: Alte Konservendosen dienen als originelle Pflanzgefäße für mediterrane Gemüse und Kräuter.

Oben links: Verschiedene Salbeisorten und goldener Majoran in einem Taubenfuttergefäß.

Oben rechts: Zucchini, Pepperoni, Lollo Rosso und grüner Salat gedeihen in kleinen Töpfen und Zinkeimern.

Rechts: Vorwitzig reckt sich die Zucchini aus dem blauen Gefäß. Im Vordergrund fühlen sich Erdbeeren und Kapuzinerkresse wohl.

dafür ist der knappe Platz auf dem Balkon wirklich zu schade! Und wer wenigstens einmal ganz frische Kartoffeln essen will, der ziehe sie in einem Eimer. Dafür braucht man nicht einen ganzen Sack Saatkartoffeln zu kaufen – eine einzige reicht dafür nämlich! Wenn man sie nicht von einem Bekannten erbetteln kann, dann lässt sich auch eine Kartoffel, die man in der Küche noch übrig hat, in den Eimer pflanzen – im Frühling wachsen die nämlich auch.

Mediterranes Balkonien

Kräuter in Töpfen kommen am allerbesten auf dem Balkon zurecht. Mediterrane Gewürze wie Thymian, Bohnenkraut, Rosmarin, Salbei und Lavendel lieben diese Bedingungen. Auch Feigenbäume oder Reben fühlen sich in einem Topf auf dem sonnigen Balkon wohl. Und auch für das Auge ist einiges geboten: Buntblättriger Salbei lässt sich z.B. hervorragend mit Pelargonien kombinieren.

Im Halbschatten gedeihen Schnittlauch, Petersilie und Minzen. Letztere sollte man auch im Garten in Töpfen ziehen, denn einmal im Freien, wuchern sie wie verrückt.

Kräuter ziehen ein leicht alkalisches Substrat vor, das man aus Blumenerde, Lehm, Sand und Kompost selber mischen kann. Ausnahme ist der Lorbeer, der eine leicht saure Erde benötigt. Meine Lorbeerbäumchen pflanze ich in Zitruspflanzenerde.

BALKON-KOMBINATIONEN

- Cherrytomaten mit kleinblättrigem griechischem Basilikum unterpflanzen.
- Tagetes eignen sich gut als Unterpflanzung für Tomaten.
- Johannisbeer-Hochstämmchen mit Monatserdbeeren unterpflanzen.
- Aubergine mit goldblättrigem Majoran unterpflanzen.
- Kohlrabi mit Petersilie in einen tiefen Topf pflanzen.
- Kürbis mit Feuerbohnen am Geländer entlangranken lassen.
- Schnittsalate gedeihen auch in einem schmalen Balkonkasten.
- Radieschen und Borretsch zusammen in einen Topf säen.
- Paprika mit Salatrauke unterpflanzen.

Was zusammen auf den Teller passt

Wer gerne gärtnert, kocht meist auch ganz gerne. Diese beiden Leidenschaften gehören zusammen wie das Ei und das Huhn.

Traumpaar im Gemüsegarten schlechthin sind Erbsen und Karotten: der Kantinen-Klassiker frisch aus dem eigenen Garten. Sowohl Karotten als auch Erbsen gehören zu den süßesten Gemüsen. Jedoch baut sich der Zucker nach dem Ernten so rasch ab, dass der süße Geschmack schon nach einigen Stunden Aufbewahrung im Kühlschrank verschwunden ist. Darum schmecken sie wirklich nur ganz frisch geerntet gut.

Ab in den Suppentopf

Wenn man den ganzen Nachmittag über im Garten gearbeitet hat, wenn die Finger vom Jäten verkrustet sind und der Rücken schmerzt – dann soll es abends in der Küche schnell gehen. Und natürlich möchte man die Früchte seiner Gartenarbeit genießen. Nach einem langen arbeitsreichen Tag im Freien gibt es bei uns oft einfach Salat und Spiegeleier, eine Gemüsesuppe oder ein Omelette mit frischen Kräutern. Da wir Zwerghühner halten, brauche ich nicht weit zu gehen für die frischen Eier. Und der Gemüsegarten gibt fast immer genug her, um ein Süppchen kochen zu können. Schließlich heißt der Küchengarten auf Französisch nicht umsonst „Potager", also wörtlich übersetzt: der Suppengarten.

Oft ist von einer Gemüsesorte nur noch wenig übrig, oder es ist von einer anderen noch nicht genug gewachsen und er gibt nur einige Blätter, ein paar junge Zwiebeln oder etwas Lauch und ein, zwei Karotten für die Küche ab. Egal was der Garten hergibt, das Grundrezept für eine leckere Gemüsesuppe ist immer dasselbe – und sehr einfach: mit Bouillon aufkochen und pürieren, oder das Gemüse vor dem Kochen fein häckseln. Im Suppentopf passt fast alles zu allem. Ich habe wahrlich kein besonderes Talent zum Kochen, doch soweit ich mich erinnern kann, ist bei all meinen teilweise recht willkürlichen Versuchen noch nie eine Suppe wirklich ungenießbar gewesen. Aber natürlich schmecken manche Kombinationen besser als andere. Mein Favorit ist Karottensuppe mit frischem Koriander. Auch Karotten mit Topinambur ergibt ein leckeres Süppchen. Lauch und Kartoffeln ist der Klassiker für küh-

lere Tage. Auch Zwiebeln und Rote Bete ergeben eine nahrhafte Suppe. Erfrischend an heißen Tagen ist Zucchinisuppe, die man auch kalt servieren kann. Ich verfeinere sie mit Zitronensaft. Und die Kürbissuppe bekommt eine richtig schöne Farbe, wenn man eine oder zwei Tomaten beigibt.

Zu frischem Kartoffelpüree, in der Schweiz auch Kartoffelstock, gebe ich stets etwa ein Drittel Pastinaken oder Rüben bei. Das schmeckt zum Sonntagsbraten viel besser als reines Kartoffelpüree. Weitere klassische Gemüsekombinationen im Gemüsebeet sind weißer Blumenkohl mit Broccoli, oder zur Abwechslung auch mit dem hellgrünen Romanescu. Das saftige Hellgrün der Breiten Bohnen ergänzt sich schön mit den rot gesprenkelten Borlotti-Bohnen.

Farblich aussortierte Salate

Meine Oma achtete bei den Salaten jeweils auf die Farben. Und so reichte sie Rote-Bete-Salat und weißen Selleriesalat getrennt in zwei Schüsselchen, damit sich die Saucen nicht vermischten. Oder es gab geraffelte Möhren und Feldsalat, auch ein schöner Farbkontrast. Und wenn wir schon bei den Farben sind, darf man natürlich den klassischen italienischen „Tricolore-Salat", bestehend aus Tomaten, Basilikum und Mozarella, nicht vergessen. Die griechische Variante besteht aus Gurken, Tomaten, Oliven und Feta. Erinnerungen an Griechenland werden auch mit Auberginen und Oregano geweckt. Beides in Olivenöl braten und Brot dazu reichen – auch das eine schnelle Mahlzeit für erschöpfte Gärtnerinnen.

Asiatisch inspirierte Gemüsemischungen lassen sich im Wok dämpfen. Hier verhält es sich wie mit den Suppen: Es geht eigentlich fast alles zusammen. Pak Choi mit Joi Choi, japanischer Senf mit Mizuna und Speisechrysanthemen. Was gerade zur Verfügung steht, wandert zusammen in den Wok. Nur die Sojasprossen, die kaufe ich im Laden.

Links: Reiche Ernte aus dem Tomatenhaus: Rote, gelbe und schwarze Sorten sehen zusammen auch auf dem Teller gut aus.

Rechts: Das Auge isst mit. Bunte Sommersalate schmecken mit essbaren Blüten angereichert doppelt lecker.

Das kulinarische Quartett

Paul Bocuse und die Mischkultur

Dieser Mann hat stets aus dem Vollen geschöpft. Der Begründer der Nouvelle Cuisine legt Wert auf regionale Vielfalt und frische Produkte vom Markt – und vor allem mag er die Abwechslung. Bloß nicht zu viel und zu oft vom selben! Und das gilt nicht nur für die Küche. Der bekannteste und einflussreichste Koch des 20. Jahrhunderts lebt seit vielen Jahren mit drei Frauen in drei Haushalten. Mit seiner Ehefrau, die sich um die Geschicke der Restaurants in Lyon kümmert, ist er seit 1946 verheiratet, mit ihr hat er eine Tochter. Mit seiner zweiten Frau ist er auch schon über 50 Jahre zusammen, er trifft sie in seinem Jagdsitz am See und hat einen gemeinsamen Sohn mit ihr. Seine dritte Frau begleitet ihn seit 35 Jahren. Sie kümmert sich um das Marketing der Marke „Paul Bocuse". Mit jeder seiner Frauen führt er einen Haushalt, und wenn man seiner Biografie „Le feu sacré" glauben darf, so sind alle Beteiligten glücklich und zufrieden. „Zusammengezählt, bin ich meinen drei Frauen schon 145 Jahre lang treu!", erklärt der berühmte Koch und behauptet keck: „Ich mache das, wovon jeder Mann träumt!" Wäre Paul Bocuse ein Gemüse, er würde zweifellos in die Kategorie der Starkzehrer gehören. Manche wollen einfach mehr vom Leben, und Paul Bocuse ist ihm eben mit einem großem Appetit gesegnet.

Traumpaare im Jahreslauf

Scheinbeeren harmonieren gut mit Skimmien

Elfenkrokus und Schneeglöckchen

Die kleinen Narzissen 'Tête à Tête' passen zu Traubenhyazinthen

Januar

Winterschneeball *(Viburnum* x *bodnantense)* und Fleischbeere/Winterbuchs *(Sarcococca)*

Skimmie *(Skimmia japonica)* und Scheinbeeren *(Gaultheria)*

Papierbirke *(Betula utilis* var. *jacquemontii)* und Zimtahorn *(Acer griseum)*

Hartriegel mit roten Zweigen (*Cornus alba* 'Sibirica') und Hartriegel mit gelben Zweigen (Cornus sericea)

Weide mit rotorangen Zweigen (*Salix alba* var. *vitellina*) und persisches Eisenholz *(Parrotia persica)*

Februar

Zaubernuss *(Hamamelis)* mit Winterlingen unterpflanzen *(Eranthis hyemails)*

Mahonie *(Mahonia)* mit violetten Krokus unterpflanzen

Korkenzieherhasel *(Corylus avellana)* mit Schneeglöckchen *(Galanthus nivalis)* unterpflanzen

Winterlinge *(Eranthis hyemalis)* und Elfenkrokus *(Crocus tommasinianus)*

Seidelbast *(Daphne mezereum)* und Winterschneeball *(Viburnum* x *bodnantense)*

Schneeglöckchen *(Galanthus)* und Elfenkrokus *(Crocus tommasinianus)*

Netziris *(Iris reticulata)* und Schneeheide *(Erica gracilis)*

Rhododendron 'Christmas Cheer' (im Gewächshaus schon zu Weihnachten) und Alpenveilchen *(Cyclamen coum)*

Die Stacheldrahtrose *(Rosa sericea omeiensis f. pteracantha)* mit den weißen Zweigen der Zierbrombeeren *(Rubus biflorus)*

März

Buschwindröschen *(Anemone blanda)* und größere Krokusse *(Crocus vernus)*

Gänseblümchen *(Bellis perennis)* und Narzissen 'February Gold'

Traubenhyazinthen *(Muscari)* und Narzissen *(Narcissus bulbocodium)*

Kamelie *(Camelia japonica)* und frühblühende Waldrebe *(Clematis armandii)*

Nieswurz *(Helleborus orientalis)* und größere Narzissen (*Narcissus* 'Thalia')

Forsythie mit Blausternchen unterpflanzen *(Scilla siberica)*. Ein besonderer Blickfang ist die weiß blühende Forsythie *Abeliophyllum distichum*.

Duftende Heckenkirsche *(Lonicera fragrantissima)* und Winterjasmin *(Jasminum nudiflorum)*

Salweide *(Salix caprea)* und Scheinhasel *(Corylopsis)*

Chinesische Winterblüte *(Chimonanthus praecox)*, dazu Papier-Seidelbast *(Daphne bholua)* mit zartrosa, duftenden Blüten

Primeln und Lungenkraut *(Pulmonaria)*

Tulpen und Goldlack

Rose 'Buff Beauty' und Katzenminze

April

Sternmagnolien *(Magnolia stellata)* und weiße Osterglocken (*Narcissus* 'Mount Hood')

Rosarote Magnolie *(Magnolia delavayi)* mit Osterglocken (*Narcissus* 'Camelot')

Bergenien *(Bergenia)* und frühe Tulpen (*Tulipa greigii, sprengeri, kaufmannina* etc.)

Blauer und Gelber Lerchensporn *(Corydalis flexuosa)* und *(Corydalis lutea)*

Narzissen (*Narcissus* 'Jack Snipe') und Vergissmeinnicht *(Myosotis)*

Hasenglöckchen *(Hyacinthoides non-scripta)* und Hundszahn (*Erythronium* 'Pagoda')

Sternmagnolie *(Magnolia stellata)* und Zierquitte *(Chaenomeles)*

Primeln *(Primula vulgaris)* und Lungenkraut *(Pulmonaria)*

Hornveilchen *(Viola cornuta)* und Hyazinthen

Schlüsselblumen *(Primula veris)* und Gänseblümchen *(Bellis perennis)*

Mai

Akelei *(Aquilegia)* und Lupinen *(Lupinus)*

Azaleen mit Maiglöckchen *(Convallaria majalis)* unterpflanzen

Tränende Herzen *(Dicentra spectabilis)* und Funkien *(Hosta)*

Fingerhut *(Digitalis)* und Epimedium *(Elfenblume)*

Tulpen und Goldlack *(Erysimum cheirii)*

Dreimasterblume *(Tradescantia)* und Jakobsleiter *(Polemonium)*

Rhododendron und Scheinmohn *(Meconopsis)*

Lungenkraut *(Pulmonaria)* und Schlüsselblume *(Primula elatior)*

Tibetanische Zierkirsche *(Prunus serrula)* und Dichternarzissen *(Narcissus poeticus)* als Unterpflanzung

Küchenschelle *(Pulsatilla)* und Blaukissen *(Aubrieta)*

Weiße Tränende Herzen *(Dicentra spectabilis alba)* und rote Darwintulpen (*Tulipa* 'Apeldoom')

Juni

Alte, romantische Rosensorten und Phlox

Gelbe und apricotfarbene Rosen ('Buff Beauty') mit Katzenminze *(Nepeta)*

Astilben und Glockenblumen *(Campanula lactiflora)*

Rittersporn *(Delphinium)* und Orientalischer Mohn *(Papaver orientalis)*

Wolfsmilch (*Euphorbia* x *martinii*) und Kaiserkronen *(Fritillaria imperialis)*

Schafgarben *(Achillea)* und Storchenschnabel *(Geranium)*

Taglilien *(Hemerocallis)* und Fackellilien *(Kniphofia)*

Indianernessel *(Monarda)* und Gartenlevkojen *(Matthiola)*

Schwertlilien *(Iris germanica)* und Bergflockenblumen *(Centaurea montana)*

Lupinen und Türkenmohn *(Papaver orientalis)*

Bauernpfingstrosen *(Paeonia lactiflora)* und Akelei *(Aquilegia)*

Traumpaare im Jahreslauf

Salvien und Montbretien

Fackellilien und Katzenminze

Purpurfetthenne und Dahlien

Juli

Löwenmäulchen *(Antirrhinum majus)* und rote Salvien *(Salvia fulgens)*

Blaue Salvien *(Salvia patens)* und Montbretien *(Crocosmia)*

Bärenohr *(Arctotis)* und Gazanie *(Gazania)*

Edeldistel *(Eryngium giganteum)* und Madonnenlilien *(Lilium candidum)*

Kalifornischer Mohn *(Eschscholzia californica)* und Klatschmohn *(Papaver rhoeas)*

Trichterwinde *(Ipomoea tricolor)* und Feuerbohnen *(Phaseolus)*

Wandelröschen *(Lanata)* und Clarkien *(Clarkia)*

Nelken *(Dianthus)* und Steinbrech *(Sedum)*

Edelrosen und Lavendel

Ziertabak *(Nicotiana sylvestris)* und Spinnenblumen *(Cleome)*

Katzenminze *(Nepeta)* und Frauenmantel *(Alchemilla mollis)*

Bartfaden *(Penstemon)* und Storchenschnabel *(Geranium)*

August

Wermuth *(Artemisia alba)* und Wucherblume *(Argyranthemum foeniculaceum)*

Fackellilien *(Kniphofia)* und Katzenminze *(Nepeta)*

Sterndolde *(Astrantia)* und Ziertabak *(Nigella damascena)*

Dahlien und Hasenschwanzgras *(Lagurus ovatus)*

Clematis *(Clematis viticella)* und Hortensie *(Hortensia petiolaris)*

Spinnenblume *(Cleome)* und Atlasblume *(Clarkia)*

Montbretien und Rudbeckien

Trichterschwertel *(Dierama pulcherrimum)* und Salvien

Lobelia 'Bee's Flame' und Ligularien *(Ligularia przewalskii)*

Perovskien und winterharte Fuchsien

September

Herbstanemone (*Anemone* 'Hadspen abundance') und Pfahlrohr *(Arundo donax)*

Bartblume *(Caryopteris)* und Buschmalve *(Lavatera)*

Flockenblume *(Centaurea)* und Weiderich *(Lythrum)*

Chrysanthemen und Rudbeckien

Dahlien und Chrysanthemen

Purpurfetthenne *(Sedum spectabile)* und Dahlien

Sonnenblumen *(Helianthus)* und Bronzefenchel (*Foeniculum vulgare* 'Giant bronze')

Rosaroter Spaltgriffel *(Schizostylis)* und Purpurfetthenne *(Sedum spectabile)*

Weißer Spaltriffel *(Schizostylis)* und Seggen *(Carex)*

Kletternde Kapuziner *(Tropaleum pelegrinum)* und Trichterwinde *(Ipomoea tricolor)*

Schwarze Skabiosen und Chinaschilf

Frauenfarn und panaschierter Efeu (*Hedera canariensis* 'Marginomaculata')

Schneeball *(Viburnum* x *bodnantense)*

Oktober

Oktobersilberkerze *(Cimifugia)* und Astern (*Aster* x *frikartii* 'Wunder von Stäfa')

Kapuzinerkresse (*Tropaleum speciosum* oder *Tropaleum peregrinum*) und Kürbisse

Verbene *(Verbena bonariensis)* und Artischocke *(Cynara cardunculus)*

Zierapfel *(Malus)* und Eberesche *(Sorbus)*

Chinaschilf (*Miscanthus sinensis* 'Silberfeder') und Federgras *(Stipa gigantea)*

Hagebutten (*Rosa glauca* oder *Rosa rugosa*) und spätblühende Waldrebe (zum Beispiel *Clematis* 'Bill Mac Kenzie' oder *C. crispa*)

Skabiosen *(Scabiosa 'Chile Black')* und Chinaschilf (*Miscanthus sinensis* 'Malepartus')

November

Japanische Aukube *(Aucuba japonica)* und Efeu

Seggen *(Carex)* und immergrüne Farne (zum Beispiel *Athyrinum)*

Herbstzeitlose *(Colchicum)* vor Winterschneeball *(Viburnum* x *bodnantense)*

Netziris *(Iris unguicularis)* und Nerinen *(Nerine bowdenii)*

Irische Heide *(Daboecia cantabrica)* mit Gräsern (z. B. *Molinia caerulea)*

Glockenheide *(Erica carnea)* und Zwergkoniferen (z. B. *Pinus mugo*)

Oelweide *(Eleagus)* und Skimmie *(Skimmia japonica)*

Weiße Duftblüte *(Osmanthus decorus)* und panaschierte Duftblüte (*Osmanthus heterophyllus* 'Aureomarginatus')

Frauenfarn *(Athyrium)* und panaschierter Efeu (*Hedera canariensis* 'Marginomaculata')

Dezember

Stechpalmen-Paar *(Ilex aquifolium)*

Eiben-Paar (*Taxus baccata* 'Fastigiata')

Mistel und Wirtsbaum

Amaryllis und Efeu (im Haus)

Christrose *(Helleborus praecox)* und Moos

Vorgetriebene Hyazinthen und Narzissen

Rosarote und weißblühende Besenheide (*Calluna vulgaris* 'Alexandra' und 'Melanie')

Winterblühende Heckenkirsche (*Lonicera* x *purpusii)* und Efeu *(Hedera helix)*

Register

S

T

U

V

W

Y

Z

Bildnachweis

Alle Abbildungen von Marianne Majerus mit Ausnahme von: S. 103 oben

Impressum

Streitfeldstraße 35
81673 München
www.callwey.de
E-mail: buch@callwey.de

Die Deutsche Nationalbibliothek verzeichnet diese Publikation in der Deutschen Nationalbibliografie; detaillierte bibliografische Daten sind im Internet über <http://dnb.ddb.de> abrufbar.

ISBN 978-3-7667-1710-8

Lektorat: Redaktionsbüro Wolfgang Funke, Augsburg
Umschlaggestaltung: independent Medien-Design
Layout und Satz: add Schmid / Beisenherz Mediengestaltung, Charo Chillagano
Illustrationen: Dorothea M. Kaumanns www.mimicks.com
Druck und Bindung: Fotolito Longo, Bozen
Printed in Italy 2007

Danksagung der Autorin

Ohne selber zu gärtnern, hätte ich dieses Gartenbuch nicht schreiben können. Darum geht mein größter Dank an Cédric, der mir in unserem großen Garten weitgehend freie Hand lässt, und an Jeanne Rose, die sich oft gedulden muss, wenn ich draußen arbeite.

Außerdem danke ich allen Besuchern und Zaungästen für ihre Tipps und Anregungen, für Samen, Stecklinge und Blumenzwiebeln sowieso. Ebenso möchte ich hier allen Leserinnen und Lesern für die zahlreiche Gartenpost und die Mails mit den wertvollen Anregungen danken.

Bitte seht mir nach, dass ich angesichts der vielen Zusendungen nicht immer zum Antworten komme. Ich freue mich immer sehr über eure Lebenszeichen!

Die Website der Autorin: www.rosamundi.net